高等职业教育精品规划教材·轨道交通类

城市轨道交通站台屏蔽门系统

主　编　马　骏　方振龙
副主编　赵　丽　李晓红　陈沐泽
参　编　杨君鹏　于福权　关　越
　　　　梁佳成　王一卉　南　洋　代　兵

北京理工大学出版社
BEIJING INSTITUTE OF TECHNOLOGY PRESS

内 容 提 要

城市轨道交通屏蔽门系统是城市轨道交通机电设备的重要组成部分，同时也是直接保护乘客安全的重要系统之一，该系统及设备状态直接关系到乘客乘车的安全。为满足城市轨道交通机电技术专业培养城市轨道交通屏蔽门岗位相关人才的需要，特编写此书。

本书系统地介绍了轨道交通屏蔽门及门禁系统的机械结构和功能、电气部分组成与工作原理，屏蔽门设备操作及日常维护，屏蔽门基本操作，屏蔽门系统故障的维修与处理方法。通过该课程学习，学生可掌握城市轨道交通站台安全门的使用和操作方法，并具备城市交通站台安全门调试、维护与维修的能力，从而培养出从事城市轨道交通机电设备类岗位所需的职业素养与专业技能，为今后工作学习奠定基础。

课程的主要内容为六个项目模块，内容包含了从设备结构、运行原理到操作和维修，项目深度由浅入深，从基本认知到岗位训练，不仅涵盖屏蔽门岗位所要求的知识储备量，每一个模块还设计了内容所对应的技能训练。本书适用于城市轨道交通机电专业的专业核心课程——城市轨道交通站台安全门系统的运行与维护，同时可作为城市轨道交通车辆专业、运营与管理专业、供配电技术的选修课。

版权专有　侵权必究

图书在版编目（CIP）数据

城市轨道交通站台屏蔽门系统/马骏，方振龙主编 . —北京：北京理工大学出版社，2020.11（2020.12重印）

ISBN 978－7－5682－9207－8

Ⅰ.①城… Ⅱ.①马… ②方… Ⅲ.①城市铁路－轨道交通－站台－安全门－运行 ②城市铁路－轨道交通－站台－安全门－维修 Ⅳ.①U239.54

中国版本图书馆 CIP 数据核字（2020）第 214916 号

出版发行 / 北京理工大学出版社有限责任公司
社　　址 / 北京市海淀区中关村南大街 5 号
邮　　编 / 100081
电　　话 /（010）68914775（总编室）
　　　　　（010）82562903（教材售后服务热线）
　　　　　（010）68948351（其他图书服务热线）
网　　址 / http：//www.bitpress.com.cn
经　　销 / 全国各地新华书店
印　　刷 / 河北鸿祥信彩印刷有限公司
开　　本 / 787 毫米×1092 毫米　1/16
印　　张 / 11
字　　数 / 251 千字
版　　次 / 2020 年 11 月第 1 版　2020 年 12 月第 2 次印刷
定　　价 / 36.00 元

责任编辑 / 高雪梅
文案编辑 / 高雪梅
责任校对 / 周瑞红
责任印制 / 李志强

图书出现印装质量问题，请拨打售后服务热线，本社负责调换

前　　言

城市轨道交通以其大运量、高效、清洁、快捷等优势成为我国城市交通运输的主要选择，城市轨道交通的跨越式发展使培养高素质的技术技能人才成为高职教育的重要目标。城市轨道交通屏蔽门系统是城市轨道交通的重要组成部分，同时也是直接保护和运载乘客的主要系统之一，该系统及设备状态直接关系到乘客乘车的安全。为创造良好的教育教学条件，适应职业教育现代化的要求，同时满足城市轨道交通机电专业培养城市轨道交通屏蔽门相关人才的需要，特编写此书。

"城市轨道交通站台屏蔽门系统"课程是城市轨道交通机电技术专业必修的专业核心课程。本书是按照由理论到实践的思路编写的，主要内容为六个项目模块，内容包含了从设备结构、运行原理到操作和维修，项目深度由浅入深，从基本认知到岗位训练，涵盖屏蔽门岗位所要求的知识储备量，每一个模块还设计了内容所对应的技能训练。

本书采取项目-课题式模式编写，加入案例引入和案例分析模块，以适合高职学生的接受特点。在编写方面，本书打破了传统式教材的束缚，给应用本书的师生提供了科学的学习参考。结合新时期城市轨道交通的新面貌，本书力图使学生掌握城市轨道交通屏蔽门系统的知识精髓；在内容上，摒弃陈旧的知识内容，力求向学习者传达最新的知识理论、全面的与实际岗位衔接，能够对实践形成科学系统和全方位的指导，调动学习者参与学习的积极性。

本书由具有多年教学工作经验的教师编写，由长春职业技术学院马骏、方振龙担任主编，由长春职业技术学院赵丽、吉林交通职业技术学院李晓红、包头铁道职业技术学院陈沐泽担任副主编，长春职业技术学院杨君鹏、于福权、关越、梁佳成、王一卉、南洋、代兵参与编写。在本书编写过程中，得到了长春轨道交通集团、吉林交通职业技术学院、北京京投轨科轨道交通科技有限公司的大力支持，并参考引用了国内外专家和学者发表的相关文献，以及部分城市轨道交通类运营企业的资料，在此谨向有关专家和企业表示衷心感谢。

由于城市轨道交通屏蔽门系统技术更新快，加之编写人员技术水平和实践经验的局限性，书中错误与不足之处在所难免，敬请广大使用单位和个人提出宝贵意见。

编者

目　录

项目一　站台屏蔽门系统认知 …………………………………………………… 1

任务一　初识站台屏蔽门 …………………………………………………… 2
　　一、屏蔽门的发展 ………………………………………………………… 3
　　二、屏蔽门的功能 ………………………………………………………… 3

任务二　区分站台屏蔽门 …………………………………………………… 5
　　一、屏蔽门的分类 ………………………………………………………… 5
　　二、屏蔽门系统的基本设计原则 ………………………………………… 7
　　三、屏蔽门系统的主要技术参数 ………………………………………… 7

任务三　了解屏蔽门车站布局 ……………………………………………… 8
　　一、岛式 …………………………………………………………………… 8
　　二、侧式 …………………………………………………………………… 9
　　三、两岛式 ………………………………………………………………… 10
　　四、一岛两侧式 …………………………………………………………… 10

项目二　站台屏蔽门机械结构学习 …………………………………………… 13

任务一　屏蔽门门体结构的组成 …………………………………………… 14
　　一、门本体结构 …………………………………………………………… 15
　　二、其他结构 ……………………………………………………………… 18

任务二　屏蔽门门机系统的组成 …………………………………………… 22
　　一、电气部分 ……………………………………………………………… 22
　　二、机械部分 ……………………………………………………………… 24
　　三、锁紧及解锁装置 ……………………………………………………… 25

任务三　屏蔽门的安装 ……………………………………………………… 26
　　一、屏蔽门系统安装要求 ………………………………………………… 26
　　二、车站屏蔽门安装方式及预埋件设置 ………………………………… 27
　　三、屏蔽门材料 …………………………………………………………… 28

项目三　站台屏蔽门控制系统学习 …………………………………………… 30

任务一　学习屏蔽门电气控制系统的主要部件 …………………………… 31

一、中央控制盘（PSC） ……………………………………………………… 33
　　二、单元控制器（PEDC） …………………………………………………… 35
　　三、就地控制盘（PSL） ……………………………………………………… 36
　　四、综合后备盘（IBP） ……………………………………………………… 37
　　五、门机控制器（DCU） ……………………………………………………… 38
　　六、就地控制盒（LCB） ……………………………………………………… 43
　任务二　学习屏蔽门控制系统的控制模式 …………………………………………… 44
　　一、系统级控制 ………………………………………………………………… 45
　　二、站台级控制 ………………………………………………………………… 46
　　三、车站级控制（非正常运行模式和紧急运行模式） ……………………… 47
　任务三　学习屏蔽门监视系统 ………………………………………………………… 49
　　一、屏蔽门控制与监视系统功能简介 ………………………………………… 49
　　二、屏蔽门网络系统 …………………………………………………………… 50
　　三、监视系统网络 ……………………………………………………………… 51
　　四、安全回路 …………………………………………………………………… 52
　　五、开关门控制权限 …………………………………………………………… 52
　任务四　屏蔽门安全防护系统 ………………………………………………………… 54
　　一、防夹挡板及防踏空装置 …………………………………………………… 54
　　二、屏蔽门限界与安全措施 …………………………………………………… 56
　　三、乘客探测器 ………………………………………………………………… 56
　　四、其他安全防护技术 ………………………………………………………… 57

项目四　站台屏蔽门供电系统及安全防护设施 ……………………………………… 60

　任务一　学习屏蔽门供电系统的组成 ………………………………………………… 61
　　一、屏蔽门电源系统简介 ……………………………………………………… 61
　　二、屏蔽门供电系统的组成 …………………………………………………… 62
　　三、电源系统工作过程 ………………………………………………………… 64
　　四、屏蔽门电源系统技术要求 ………………………………………………… 64
　　五、屏蔽门电源系统附属设置 ………………………………………………… 66
　　六、屏蔽门电源方案 …………………………………………………………… 67
　　七、UPS 电源设备 ……………………………………………………………… 68
　任务二　驱动电源系统 ………………………………………………………………… 70
　任务三　控制电源系统 ………………………………………………………………… 72
　　一、控制电源系统组件 ………………………………………………………… 73
　　二、控制电源系统工作原理 …………………………………………………… 73
　　三、蓄电池 ……………………………………………………………………… 73
　任务四　站台屏蔽门的安全防护装置 ………………………………………………… 75
　　一、绝缘地板 …………………………………………………………………… 75

二、瞭望软灯带 ··· 77
　　三、门体绝缘与等电位要求 ·· 77

项目五　站台屏蔽门设备操作及维护保养 ·· 82

任务一　屏蔽门门体操作 ··· 84
　　一、屏蔽门操作前的准备工作 ·· 84
　　二、屏蔽门的自动操作 ·· 85
　　三、屏蔽门的手动操作 ·· 85

任务二　屏蔽门系统其他设备的操作 ··· 89
　　一、就地控制盘开关门操作方法 ·· 89
　　二、LCB 模式开关操作 ·· 90
　　三、屏蔽门综合后备盘操作 ··· 91

任务三　站台屏蔽门的巡检 ··· 92
　　一、概述 ·· 92
　　二、日常巡检 ·· 92
　　三、定期检修 ·· 93

任务四　站台屏蔽门器件保养要点 ·· 96
　　一、接线端子 ·· 96
　　二、电动机驱动单元 ··· 96
　　三、滑动门吊挂件 ··· 96
　　四、闸锁机构 ·· 96
　　五、接地连接 ·· 97
　　六、顶箱保养 ·· 97
　　七、障碍物检测系统的功能测试 ·· 97
　　八、对信号回路的功能性检测 ·· 98
　　九、手动解锁功能检查 ·· 98

任务五　站台屏蔽门部分器件更换 ·· 99
　　一、更换密封毛刷 ··· 99
　　二、更换滑动门前挡胶条 ··· 99
　　三、更换碳刷 ·· 100
　　四、更换驱动装置 ··· 100
　　五、更换联轴器 ·· 100
　　六、调整应急门定位器 ·· 101
　　七、更换端门活动门闭门器 ··· 101
　　八、更换丝杆螺母副 ··· 102
　　九、更换缓冲头组件 ··· 102
　　十、更换滑动门滚轮 ··· 103
　　十一、更换顶箱压紧锁 ·· 103

  十二、更换电动锁零部件 104
  十三、更换门头指示灯 105
  十四、更换EED或MSD锁到位开关 105
  十五、更换门控器 105
  十六、更换模式转换开关和指示灯 106
  十七、更换滑动门 106
  十八、更换固定门 107
  十九、更换应急门 107
  二十、更换端门活动门 108
  二十一、更换转换装置执行器 108

项目六　站台屏蔽门设备故障维修 111

任务一　屏蔽门检修常用工具和仪器仪表 113
  一、屏蔽门检修常用工具 113
  二、屏蔽门检修常用仪表 116

任务二　屏蔽门故障应急处理操作 122
  一、屏蔽门系统故障的安全隐患 122
  二、屏蔽门系统故障的处理原则和方法 123
  三、屏蔽门系统故障应急处理程序 124

任务三　屏蔽门系统故障诊断与维修 128

附录一　屏蔽门系统相关缩略语 141

附录二　城市轨道交通站台屏蔽门系统课程标准 142

附录三　城市轨道交通站台屏蔽门系统技术规范 146

参考文献 168

项目一
站台屏蔽门系统认知

站台屏蔽门系统是维护乘客人身安全和维持整洁舒适的乘车环境的重要设备。以屏蔽门系统的发展、性能要求入手进一步学习屏蔽门系统的各方面功能特点。同时屏蔽门系统根据地铁站台布局进行安装。

城市轨道交通站台屏蔽门系统

学习目标

1. 了解屏蔽门发展历史。
2. 掌握屏蔽门系统分类。
3. 理解屏蔽门系统基本设计原则。
4. 掌握站台屏蔽门功能。
5. 了解屏蔽门车站布局。

案例导入

在保证乘客安全的前提下,为了降低地铁的运营管理成本,日本东京地铁在南北线上安装了开放式安全门。在东京地铁南北线上,站台多设在以 400~500 m 为半径的曲线上,车辆远期编组是 8 辆(初期 4 辆),每节车辆长度为 20 m,列车长度为 160 m。要保证安全需增加大量人员,自从设置了安全门之后,一般情况下只需司机一人操作就可保证安全,站台上无须站务人员接发列车,从而减少了站台上的工作人员,大大地降低了地铁的管理成本。

在香港,安全门一般为封闭式(屏蔽门),这是由于封闭的安全门能够大大地降低冷源的流失。目前,北京也有几条线路从原来的全高安全门改为封闭式屏蔽门。

新课学习

任务一 初识站台屏蔽门

我国城市轨道交通建设正处于高速发展期,随着科学技术的不断发展,城市轨道交通系统工程及配套设施的完善是城市发展的必然要求和趋势。

城市轨道交通站台屏蔽门系统是一个集建筑、机械、材料、电子、自动控制、计算机网络等学科于一体的综合性智能化门控系统。该系统安装于城市轨道交通、轻轨等轨道交通车站站台边缘,将站台区域与轨道区域形成一道可多级控制开启与关闭的连续屏障。

屏蔽门系统将列车与站台候车区隔离,当列车到达并正确停靠在车站时,列车车门与屏蔽门同时开启,方便乘客上下列车。当列车车门关闭时,屏蔽门同步关闭,为乘客营造一个安全、舒适的候车环境，提高了地铁的服务水平。

屏蔽门位置示意如图 1-1 所示。

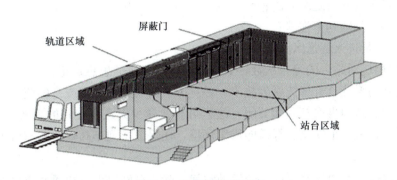

图 1-1　屏蔽门位置示意

一、屏蔽门的发展

以前，国际上只有美国西屋公司、法国法维莱公司、日本 NABCO 公司、瑞士卡巴（KABA）公司等能生产地铁屏蔽门系统产品。地铁屏蔽门系统产品经过在国外十几年的应用，以其较高的可靠性，在世界上越来越多的国家和地区得到应用。

国内第一条安装地铁屏蔽门的是广州地铁二号线，随后上海、深圳、天津、北京等城市的地铁也安装了地铁屏蔽门。随着地铁屏蔽门的普及，国内多家屏蔽门生产企业也逐渐打破了其核心技术被国外几家企业垄断的局面，深圳方大集团股份有限公司于 2006 年 4 月率先研发出了具有自主知识产权的国产化屏蔽门系统，通过了国家评审，并且于 2007 年 3 月与深圳地铁签订了一号线续建工程地铁屏蔽门系统的总承包合同，标志着我国的地铁屏蔽门产业已经进入世界先进行列。

二、屏蔽门的功能

屏蔽门的应用提高了运营安全系数，改善了乘客候车环境，也有利于节约运营成本和建设成本。安装屏蔽门系统，有效减少了空气对流造成的站台冷热气的流失，降低了列车运行产生的噪声及活塞风对车站的影响，为乘客提供了舒适的候车环境，保障了列车和乘客上下车及进出站时的安全，提高了城市轨道交通运营社会效益。

1. 保证站台设施和人员安全

在隧道内，列车高速运行会产生强烈的空气活塞效应。当列车进入或离开站台时，活塞风的吹吸作用将会给在站台上候车的乘客带来一定的危险。安装屏蔽门后，屏蔽门将站台与隧道区之间隔离开来，避免乘客可能出现以下安全隐患：

（1）乘客被列车活塞风吹吸而跌倒甚至跌入轨道；

（2）乘客因车站客流拥挤而跌入轨道；

（3）乘客卧轨自杀、主观推人入轨等情况；

（4）站台区垃圾、杂物进入轨道区；

（5）隧道中的灰尘进入站台区；

（6）乘客跨越轨道等行为；

（7）小孩玩耍跌入轨道；

（8）乘客对着列车门随车奔跑；

（9）乘客被运行的列车拖拽；

（10）无关人员进入隧道区间；

（11）减少司机对站台的瞭望次数，大幅度减轻了司机的思想负担。

另外，屏蔽门系统具有智能避障技术，一旦屏蔽门与列车之间或是屏蔽门上有障碍物存在，系统将驱使屏蔽门再次打开和关闭，这样可有效减少夹人、夹物的事故。安装屏蔽门，不但可以为乘客营造一个安全、舒适的候车环境，还保证了列车高效运营和行车安全。

2. 降低运营成本

大部分城市轨道交通线路建设在地下的空间，除了车站出入口和通风道口外，城市轨道交通基本上是与外界隔绝的。因此，城市轨道交通运营需要环境控制系统来保证乘客安全、舒适和确保设备使用寿命。安装屏蔽门系统后，车站空间与列车运行空间完全隔开，起到节约能源的作用。

（1）避免了大量空调冷气通过隧道而散失，节省了地下车站空调负荷，降低能耗。

（2）减少了列车行驶时所散发出的热量进入候车区。

（3）减少空调设备的容量，也减少空调机房的面积。降低了城市轨道交通地下建筑的造价。

（4）设置站台屏蔽门后，可实现司机一人全程操作，站台上不必再设站务人员接发列车（站台屏蔽门的开启由列车司机操纵），减少了运营的人员成本。

（5）在火灾或者其他故障模式下，可以配合相关系统进行联动控制，减少站台边缘区域站务人员的数量。

3. 保持良好的站台环境

列车在行驶时会产生很大的噪声，而狭小的隧道空间会使声音变得更大。屏蔽门在站台和轨道之间形成物理屏障，可以大幅度降低城市轨道交通车站中的噪声，乘客能够安全舒适地候车，更加有序而从容地上下列车。

（1）减少列车运行噪声及活塞风对站台候车乘客的影响，改善乘客候车环境。

（2）降低了车站噪声及粉尘污染，使站台保持一定的舒适度和清洁度。

（3）站台区域更加舒适、美观。

（4）屏蔽门可采用一体化的信息、广告显示屏，达到资源的最大利用化，同时对车站整体空间布置进行简化。

从总体上来讲，站台屏蔽门系统在很大程度上提高了乘客的候车安全性，改善了车站的站台环境，并可节约地铁运营成本，提高运营效率，改变乘客在轨道交通站台区域跳轨、卧轨的轻生念头。

思考

1. 站台屏蔽门在车站的哪个位置？
2. 屏蔽门的存在有哪些价值？
3. 屏蔽门的功能有哪些？

任务二 区分站台屏蔽门

一、屏蔽门的分类

屏蔽门又称为安全门。根据不同分类方法，屏蔽门可分为以下几种：

1. 按其封闭形式分类

屏蔽门按其封闭形式分类，可分为封闭式屏蔽门和开放式屏蔽门两大类。

其中，封闭式安全门即通常所说的屏蔽门，适合安装在有空调系统的站台，一般为地下站台，是城市轨道交通车站中最常用的一种。本书所指的屏蔽门就是此类封闭式屏蔽门。开放式屏蔽门即通常所说的安全门，可分为全高开放式安全门（又称全高安全门）和半高开放式安全门（又称半高安全门）两种，只起到安全和美观的作用，适合没有安装空调系统的站台，一般为地面站台或高架站台。

（1）封闭式屏蔽门。封闭式屏蔽门是一道自上而下的全封闭玻璃隔断墙，沿着车站全站台边缘设置，把站台区域与列车运行区域分隔开来（图1-2）。

封闭式屏蔽门有以下作用：

①防止乘客拥挤或意外掉下站台或跳轨自杀，以保证乘客安全；

②提供良好的空气密封性，减少空调的能量消耗，降低运营成本；

③提供站台声音阻隔，降低车辆噪声和站台上的活塞风效应，为乘客构造一个舒适、安全、美观的候车环境；

④屏蔽门运动动能的设计及防挤压模式能够保证乘客不被夹伤；

⑤采用直流无刷电动机驱动，实现无级调速，传动方式采用丝杆或齿形带形式，使屏蔽门运动平稳；

⑥防滑门槛可以防止乘客跌倒；

⑦门体采用钢化玻璃和发纹不锈钢包边框架（或铝合金框架），门扇刚度较好。

（2）开放式屏蔽门。开放式屏蔽门按其高度分类，又可分为全高屏蔽门和半高屏蔽门。

①全高屏蔽门。全高屏蔽门与安全门相比较,安装位置基本相同,只是在近吊顶处不封闭,这样的设计允许轨道与站台之间有空气流通,结构相对简单,造价低。门体结构超过人体高度,具有封闭式屏蔽门系统中与安全相关的优点,但缺失其节能、隔声等优点,舒适性能差,如图1-3所示。

图 1-2　封闭式屏蔽门　　　　　　　图 1-3　全高屏蔽门

②半高屏蔽门。半高屏蔽门的高度一般为 1.2～1.7 m,主要安装于地铁、轻轨等轨道交通地面或高架车站。安装在站台边缘,将站台区域与轨道区域分隔开来,主要目的就是提高安全性。与前两种形式相比,具有保证乘客的安全、安装简单快捷,与土木建筑工程接口较少、造价低和建设周期短等优点,如图1-4所示。

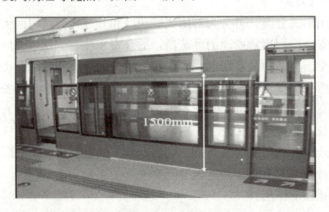

图 1-4　半高屏蔽门

2. 按其结构分类

屏蔽门按其结构分类,可分为上部悬吊式和下部支撑式。

3. 按其控制方式分类

屏蔽门按其控制方式分类,又可分为气动控制式和电动控制式。例如,早期的新加坡城市轨道交通屏蔽门采用的是下部支撑式、气动控制式,我国现在多数采用的是上部悬吊式、电动控制式。

4. 按其机械传动方式分类

屏蔽门按其机械传动方式分类,又可分为滚珠螺杆式传动与同步带式传动。

二、屏蔽门系统的基本设计原则

屏蔽门系统的设置应满足城市轨道交通工程车辆编组、限界条件、信号条件、安装条件及运营要求。

(1) 站台屏蔽门要根据列车具体编组形式、停车精度要求、采用的车体类型（A 型车、B 型车）、列车运行速度及当地气候条件（温度、湿度、风压、地震条件）等资料进行综合设计。

(2) 站台屏蔽门应设置在车站站台边的有效站台长度范围以内，以有效站台中心线为基准向两端对称布置。

(3) 屏蔽门在站台边缘的设置和外形尺寸不得侵入列车行驶动态包络线，屏蔽门系统的任何构件在轨道侧应满足《地铁限界标准》(CJJ/T 96—2018) 规定的设备限界要求。

(4) 车站设置屏蔽门时，安装尺寸应考虑在门体弹性变形状态下，屏蔽门最外突出点至车辆限界之间有不小于 25 mm 的安全间隙。

(5) 站台屏蔽门最大运行强度一般保证至少每 2 min 开闭 1 次，每天可连续正常运行 20 h，每年可连续运行 365 天。

三、屏蔽门系统的主要技术参数

(1) 一对标准滑动门的开度不小于 2 000 mm。

(2) 滑动门关闭时，能够探测到的障碍物最小为 5 mm（厚度）×40 mm（宽度）。

(3) 应急门的开度不小于 1 100 mm。

(4) 端门的开度不小于 900 mm。

(5) 阻止滑动门关闭的力≤150 N。

(6) 滑动门解锁后的人工开启力≤150 N。

(7) 每对滑动门运动的最大动能≤10 J。

(8) 关门时，每对滑动门最后 100 mm 行程为慢速爬行区，该行程范围内每对滑动门的动能≤1 J。

(9) 滑动门的开启速度为 0.10～1.0 m/s，关闭速度为 0.10～0.8 m/s，全程无级调速。

(10) 滑动门开启时间为 3.0～3.5 s，关闭时间为 3.5～4.0 s。

(11) 站台一侧所有滑动门的启闭，应基本保持同步，启闭时间差控制为 0.3～0.5 s。

(12) 站台吊顶距屏蔽门上盖板不小于 250 mm。

(13) 屏蔽门应保证一定的气密性，以防止气体的过度泄漏，10 Pa 气压下的泄漏量指标为 12.1 m^3/hm^2。

(14) 屏蔽门不作为防火墙考虑，但绝缘材料、密封材料和所有的电线电缆均应低烟、无毒、阻燃，且不含有放射性成分。

(15) 屏蔽门系统在开/关操作过程中，以及在列车全速通过时由车辆活塞风作用所发出的振动噪声，在距离屏蔽门 1 m、站台地面 1.5 m 高处所测得的噪声目标值≤70 dB (A)。

(16) 屏蔽门与站台土建结构采取绝缘措施，在 500 V 直流试验电压下，门体与大地之间的绝缘电阻＞0.5 MΩ。

（17）屏蔽门上方顶盒内控制设备与门体连接，与轨道等电位，钢轨电平由供电系统放电柜限制其电压不大于 90 V。在接触网断线后与门体接触，屏蔽门结构能将此时所产生的故障电流引入轨道，以允许牵引供电回路断路器断开牵引供电。

（18）屏蔽门系统收到开/关门指令后，在 0.3 s 内开启/关闭屏蔽门。

（19）列车停车精度为±250 mm。

1. 半高屏蔽门的主要作用有哪些？
2. 全高屏蔽门和封闭式屏蔽门的区别是什么？
3. 你见过哪种类型的屏蔽门？
4. 屏蔽门的技术参数有哪些？

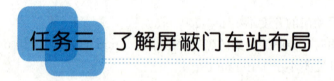

任务三　了解屏蔽门车站布局

屏蔽门车站布局有岛式、侧式、两岛式和一岛两侧式。

一、岛式

岛式布局共布置两侧屏蔽门系统，包括与列车门对应的活动门及固定门、应急门、端头门，还有一个屏蔽门设备室和两个就地控制盘（PSL），如图 1-5、图 1-6 所示。

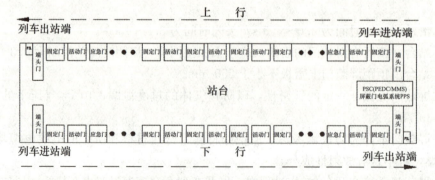

图 1-5　岛式屏蔽门布局简易图

图 1-6　岛式屏蔽门实物图

二、侧式

侧式布局共布置两侧屏蔽门系统，包括与列车门对应的活动门及固定门、应急门、端头门，还有一个屏蔽门设备室和两个就地控制盘（PSL），如图 1-7、图 1-8 所示。

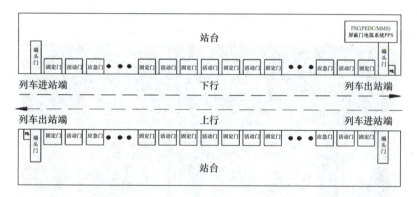

图 1-7　侧式屏蔽门布局简易图

图 1-8　侧式屏蔽门实物图

三、两岛式

两岛式布局共布置四侧屏蔽门系统，包括与列车门对应的活动门及固定门、应急门、端头门，还有一个屏蔽门设备室（当有不同系统并行时需两个屏蔽门设备室）和四个就地控制盘（PSL），如图1-9、图1-10所示。

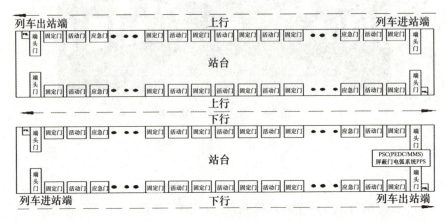

图1-9　两岛式屏蔽门布局简易图

图1-10　两岛式屏蔽门实物图

四、一岛两侧式

一岛两侧式布局共布置四侧屏蔽门系统，包括与列车门对应的活动门及固定门、应急门、端头门，还有一个屏蔽门设备室（当有不同系统并行时需两个屏蔽门设备室）和四个就地控制盘（PSL），如图1-11所示。

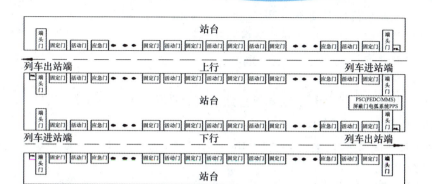

图 1-11 一岛两侧式屏蔽门布局简易图

1. 站台分布有哪几种？
2. 你见过哪种类型的站台？

一、选择题

1. 站台安全门有哪几种？（   ）
   A. 全高门   B. 半高门   C. 屏蔽门   D. 车门
2. 下列选项中不是半高门的功能的是（   ）。
   A. 防止乘客被列车活塞风吹吸而跌倒甚至跌入轨道
   B. 防止乘客因车站客流拥挤而跌入轨道
   C. 避免乘客被运行的列车拖拽
   D. 减少了列车行驶时所散发出的热量进入候车区
3. 站台的布置有哪几种？（   ）
   A. 岛式   B. 侧式   C. 两岛式   D. 一岛两侧式

二、填空题

1. 屏蔽门按其结构分类，可分为_____和_____。
2. 屏蔽门按其控制方式分类，又可分为_____和_____。
3. 屏蔽门按其机械传动方式分类，又可分为_____传动与_____传动。
4. 车站设置屏蔽门时，安装尺寸应考虑在门体弹性变形状态下，屏蔽门最外突出点至车辆限界之间有不小于_____的安全间隙。

5. 一对标准滑动门的开度不小于_____ mm。

6. 滑动门关闭时，能够探测到的障碍物最小为_____。

7. 应急门的开度不小于_____ mm。

8. 端门的开度不小于_____ mm。

9. 屏蔽门与站台土建结构采取绝缘措施，在 500 V 直流试验电压下，门体与大地之间的绝缘电阻为_____ MΩ。

10. 列车停车精度为±_____ mm。

三、简答题

1. 简述站台屏蔽门的功能。

2. 简述屏蔽门的设计要求。

项目二
站台屏蔽门机械结构学习

站台屏蔽门系统由机械和电气两大部分构成。机械部分主要包括门体结构和门机驱动系统;电气部分包括控制系统、监视系统及电源系统。这些系统的良好运行是屏蔽门系统实现安全、节能、美观、舒适的重要保障。

学习目标

1. 掌握屏蔽门门体结构的组成部分和功能。
2. 掌握屏蔽门门机系统的组成部分和功能。
3. 了解屏蔽门安装要求和材料特点。

案例导入

站台屏蔽门系统一般由机械和电气两大部分构成。机械部分主要包括门体结构和门机驱动系统；电气部分主要包括控制系统、监视系统及电源系统。屏蔽门系统框架图如图2-1所示。

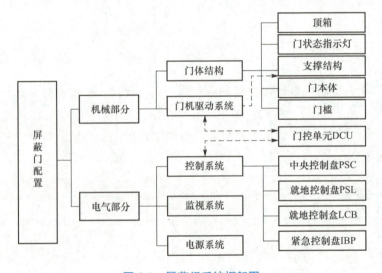

图 2-1　屏蔽门系统框架图

新课学习

任务一　屏蔽门门体结构的组成

屏蔽门系统的所有组成部分均采用性能先进、工艺成熟、结构简单、维修方便、质量稳定、运行可靠、外形美观的产品。此外，系统硬件和系统软件的设计充分考虑了其可靠性、可维修性和可扩展性，并具备故障诊断、在线修改等功能，同时遵循模块化设计和冗余设计的原则。

门体结构为乘客在站台可直观看见的部分，主要由顶箱、门状态指示灯、灯带、支撑结构、门本体（包括滑动门、固定门、应急门、端门）、踢脚板、门槛等部分组成，如图2-2所示。门体结构中所有受力部件需采用机械性能不劣于Q235－A的优质钢材。滑动门门锁、应急门门锁、端门门锁保证采用标准化系列的成熟产品，门体玻璃采用经均质处理的安全钢化玻璃。

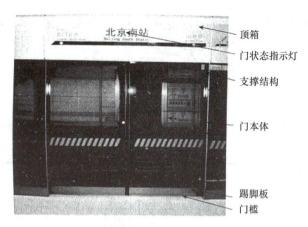

图 2-2　屏蔽门门体结构示意图

一、门本体结构

门本体结构是站台屏蔽门机械结构最重要的组成部分。按照结构和功能分类，可分为滑动门、固定门、应急门和端门四类，部分站台包含司机门，如图2-3所示。

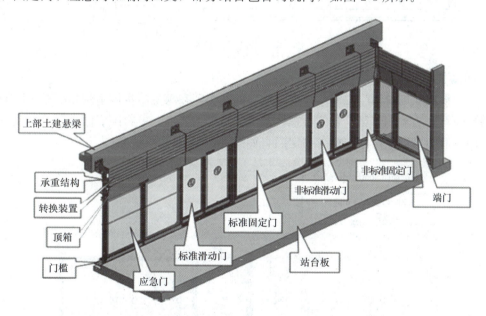

图 2-3　门本体相关结构

1. 滑动门（ASD）

滑动门的数量应与列车一侧客室门数量一致，位置对应。正常情况下，滑动门的开/关应由门机总承的驱动机构操作，由门控单元DCU（Door Control Unit）控制，紧急情况下应能实现如下功能：在轨行区侧乘客可操作设置在门扇上的把手手动开门，在车站站台侧车站乘务员可利用专门钥匙手动开门。

滑动门一般设有障碍物探测功能,其能探测到的最小障碍物一般为 5 mm(厚)× 40 mm(宽)的物体。

当滑动门关门受阻时,门操作机构能通过探测器检测到有障碍物存在并立即释放关门力,停顿 2 s 后门打开,然后再次关门,若重复关门三次仍不能关闭,滑动门则全开并进行报警,等待工作人员处理,如图 2-4 所示。

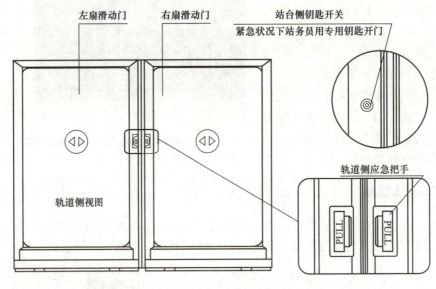

图 2-4 滑动门示意图

2. 固定门(FIX)

固定门设在双扇滑动门之间。根据滑动门的间距,在满足门本体结构强度、刚度的前提下,根据轨行区边墙侧灯箱广告的可视性及视觉观感的要求,可将固定门进行分块或不分块处理,因此有标准固定门和非标准固定门,如图 2-5、图 2-6 所示。

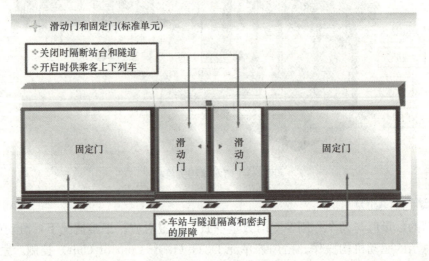

图 2-5 标准单元固定门

项目二　站台屏蔽门机械结构学习

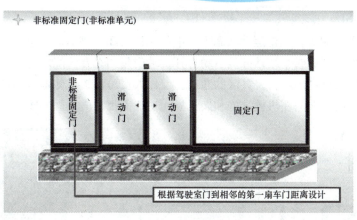

图 2-6　非标准单元固定门

3. 应急门（EED）

应急门一般当作固定门使用，在列车进站无法停靠在允许的误差范围位置时，必有一道列车门对准应急门，若需要由应急门紧急疏散时，可由乘客在轨道侧列车上打开相对应的列车门后推动应急门的解锁装置，或由站台侧站台工作人员用专用钥匙打开应急门进行紧急疏散，如图 2-7 所示。

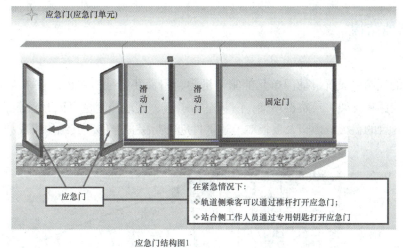

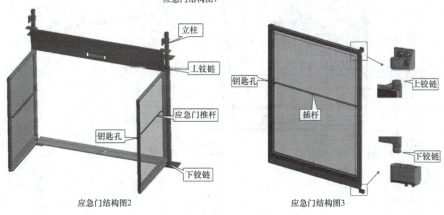

图 2-7　应急门结构图

4. 端门（MSD）

端门设置在站台端头。正常运营状态下，端门保证关闭并锁紧，不会由于风压而导致端门解锁打开，可由列车司机或车站站务员手动打开。端门是列车在区间隧道火灾或故障时的乘客疏散通道以及工作人员进出站台公共区的通道。工作人员可从轨道侧推压门锁推杆或从站台侧用专用钥匙打开端门。端门在机械结构和人机界面功能上都与应急门相同，如图2-8所示。

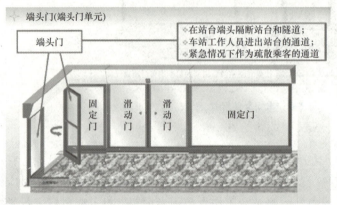

图2-8 端门机构示意图和实物图

二、其他结构

1. 顶箱

屏蔽门的顶箱内设置滑动门单元的驱动机构、门锁和解锁机构、门控单元 DCU、配电端子盒、门扇挂件和支架、导轨、顶梁、门状态指示灯、就地控制盒（LCB）等部件。门机顶箱前部设有能开启的盖板，顶箱及盖板对上述部件起密封保护作用。其结构组成如图2-9所示。

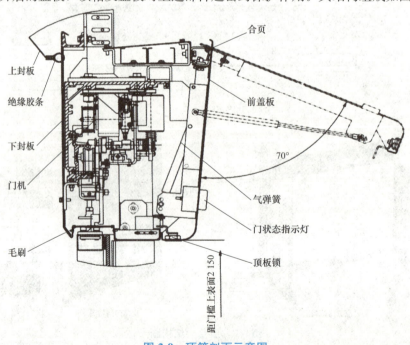

图2-9 顶箱剖面示意图

顶箱前盖板与顶箱合理固定，严密接触。前盖板上配锁，前盖板在解锁后能打开，并在开启70°时定位，并设置伸缩定位的支撑装置，便于在站台侧进行安装、调试、维护和检修。在锁定后不会由于风压作用而松动。

顶箱底部与滑动门顶部开口槽有良好的结合，保证门扇开/关活动顺畅，并装有密封毛刷，保证密封效果。顶箱横截面的宽度尺寸不大于350 mm，保证屏蔽门整体外形美观，并保证满足屏蔽门横向限界要求。屏蔽门的前盖板要兼作车站的导向指示牌，顶箱面板形状、颜色、尺寸满足导向专业要求。顶箱盖板的设计保证足够强度，耐腐蚀，使用寿命达 30 年以上。顶箱实物图如图 2-10 所示。

图 2-10　顶箱实物图

2. 灯带

屏蔽门顶箱上设置照明灯带，沿站台边缘顶箱通长布置。照明灯带与顶箱采用一体化设计，灯罩外观美观、简洁，形式和照度满足装修要求，并且考虑与门体整体协调一致。照明灯带内灯罩兼作反射板，材质与顶箱前盖板一致，如图 2-10 所示。

灯带内灯管采用三基色灯管。灯带设计注意避免灯光直射乘客眼睛，灯光只射向指示板内容。灯具自带补偿，功率因数不小于 0.90。

3. 承重结构

承重结构均采用钢结构，结构零件表面处理保证使用寿命至少 30 年。承重结构能承受屏蔽门的垂直荷载及荷载最不利组合条件下的共同作用。承重结构包括屏蔽门的立柱和下部支撑及上部连接顶箱部件，通过高强度的连接件和紧固件连接，保证门体结构与土建结构的连接固定坚固，如图 2-11 所示。

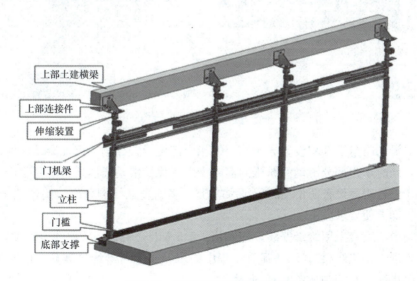

图 2-11　屏蔽门承重结构示意图

承重结构安装调节方便，可进行三维调节；可吸收土建变形±35 mm。车站结构变形缝位置采取相应措施。屏蔽门底部与站台连接，端门与设备房外墙连接，屏蔽门顶部与站台上部结构横梁侧面连接，均采用化学螺栓或穿透螺栓进行绝缘安装。其上部、底部连接件如图 2-12、图 2-13 所示。

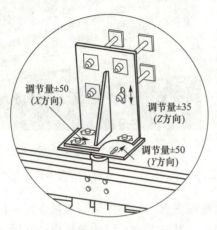 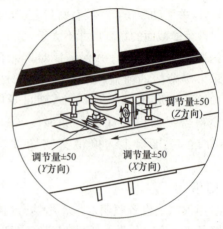

图 2-12　屏蔽门上部连接件（单位：mm）　　　图 2-13　屏蔽门底部支撑结构（单位：mm）

4. 门槛

屏蔽门设置端门门槛、滑动门门槛、应急门门槛、固定门门槛。所有门槛均采用铝合金（采用阳极氧化处理，厚度不小于 25 μm）材料，满足 30 年以上使用寿命，并保证结构外形及尺寸统一，如图 2-14 所示。

图 2-14　屏蔽门门槛图

屏蔽门的滑动门扇下部均设置导靴，门槛相应部位设置导槽，保证滑动门扇往复运动的顺畅和稳定，同时承担部分滑动门风压的横向受力，保持滑动门扇运行平稳。门槛表面平整无障碍，由于门槛表面设置防滑槽，保证乘客上下车安全无绊倒危险。门槛完全满足耐磨、防滑、安装拆卸方便要求。

门槛与站台的安装采用绝缘安装，绝缘值≥0.5 MΩ（用 500 V 兆欧表测试），绝缘件经防水等措施处理（刷绝缘漆），防止运营过程中的水及灰尘对绝缘的破坏。同时绝缘垫套很容易在轨道侧更换。其结构如图 2-15 所示。

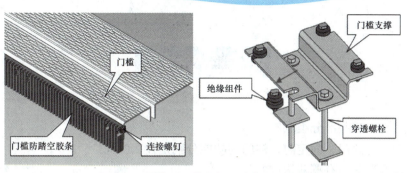

图 2-15　屏蔽门门槛盖板和底部固定支座

5. 踢脚板

踢脚板采用的是不锈钢材料，主要用来提高屏蔽门的强度，防止乘客有意或无意地踢脏或踢碎门体玻璃，踢脚板上边高度距地面 150 mm。

6. 门状态指示灯

屏蔽门每一道滑动门、应急门、端门的顶箱活动盖板均设置门状态指示灯。指示灯的安装位置应能保证工作人员在无障碍情况下清楚观察，屏蔽门的门状态指示灯亮度和颜色应保证在站台公共区正常照明条件下能清楚观察，门状态指示灯亮度和颜色应保证在强光下能清楚观察。门状态指示灯工作状态见表 2-1。

表 2-1　门状态指示灯工作状态

门开关状态	指示灯状态	声音提示确认
滑动门正常开门过程（EED 锁紧）	闪烁 1	有
滑动门正常关门过程（EED 锁紧）	闪烁 1	有
滑动门全开位置（EED 锁紧）	常亮	无
滑动门关闭且锁紧位置（EED 锁紧）	熄灭	无
EED 打开，临近 ASD 无故障	常亮	有
滑动门单元故障状态	常亮	有
滑动门单元隔离状态	闪烁 2	无

屏蔽门的滑动门关闭锁紧时，门状态指示灯熄灭；滑动门开启时，门状态指示灯点亮；在滑动门开启、关闭过程中及故障状态时，门状态指示灯闪烁：采用不同的闪烁频率，表示故障或正常开启、关闭过程。其亮度应满足远距离视觉要求，在站台一端可清晰地观察另一端屏蔽门状态指示灯的状态。

说明：

（1）"闪烁 2"的频率高于正常开关门过程的"闪烁 1"。

（2）门状态指示灯应具备"声音提示"功能，并便于切断，报警声音大小可调。

（3）门状态指示灯状态及动作在设计联络阶段确定。

（4）应急门正常关闭，且锁紧时，门状态指示灯熄灭；滑动门开启或发生故障时，门状态指示灯点亮并闪烁。

（5）端门单独设置状态指示灯，以显示端门是否锁紧：门状态指示灯亮，表示门扇打开未锁紧；灯灭，表示门扇关闭且锁紧。

| 城市轨道交通站台屏蔽门系统 |

1. 门体结构由哪些部分组成？
2. 滑动门、应急门、固定门、端门的功能分别是什么？
3. 你见过的屏蔽门有哪些构成？
4. 门体的连接件是如何调节位置的？

任务二 屏蔽门门机系统的组成

屏蔽门的门机系统设置在顶箱内，它由驱动电动机（直流电动机）、门控单元（DCU）、传动装置（皮带或螺杆）、自动锁紧装置及门体悬挂装置等组成。其结构如图2-16所示。

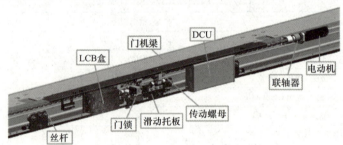

图 2-16　门机驱动系统结构图

滑动门（ASD）就是利用这些不同类型的门机驱动系统实现了自动开关功能。当滑动门收到开关门指令时，电动机带动传动装置，以门悬挂设备为基础带动门体开关。

一、电气部分

1. 驱动电动机

驱动装置（即电动机）可分为交流电动机和直流电动机两类。直流电动机又可分为直流有刷电动机及直流无刷电动机。其中，直流无刷电动机具有低转速、无噪声、免维护保养、寿命长、体积小、大扭矩、过载能力强、响应快、特性线性度好等特点。目前，屏蔽门系统大多采用直流无刷电动机。驱动电动机实物图如图2-17所示。某驱动电动机参数见表2-2。

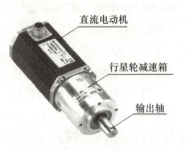

图 2-17　驱动电动机实物图

表 2-2　某驱动电动机参数

电动机型号	BG65×75	额定转差率/%	不适用
额定功率/W	134	功率因数 $\cos\phi$	0.99
额定电压/V	DC110	转矩常数 k_t/(Nm·A^{-1})	0.222
最小电压/V	DC74	电机额定扭矩/N	40
最大电压/V	DC137	电机转动惯量/(kg·m^{-2})	172×10^{-6}
电压常数 ke/[V·100 min^{-1}]	17.6	电机绕线电阻/Ω	2.739
电机额定电流/A	1.8	绝缘等级	F
启动电流/A	3.2	外壳保护等级	IP54
额定转速/(r·mm^{-1})	3 200	电机、减速机表面温度/℃	44.5/40.2

2. 门控单元（DCU）

DCU 是门机系统的核心。DCU 内装有一个微处理器，是存储数据、电动机速度曲线和软件的存储单元，并具有自诊断功能。DCU 根据电动机速度曲线驱动控制电动机按照所设定的曲线参数进行工作。

（1）DCU 的控制功能包括：

①执行各级控制器发来的控制命令；

②对滑动门的开关（曲线）进行控制；

③对滑动门各个单元异常状态进行保护控制并报警；

④语音报警控制；

⑤站台侧指示灯控制。

（2）DCU 的监控功能包括：

①能够采集并发送门状态信息及各种故障信息；

②内部状况的监控；

③门锁的监控；

④模式开关的监控；

⑤应急门开关的监控；

⑥地址编码器的监控；

⑦紧急释放机构的监控。

（3）DCU 的通信功能包括：

①两路 CAN 数据总线链路；

②系统维护工具接口包括：

（4）DCU 的保护功能包括：

①滑动门超速保护；

②障碍物检测和防夹功能；

③紧急释放机构的操作。

（详细功能介绍见项目三中的任务一）

二、机械部分

1. 传动装置

屏蔽门的传动装置满足站台门功能及安装环境的要求,传动装置由单电动机驱动、丝杆螺母副、安装座等组成,包括从减速器输出轴至滑动门门体滚轮的整个传动环节。由电动机驱动丝杆转动从而带动螺母副实现左右直线运动,螺母副与安装在滑动门上的承载小车通过拨叉柔性连接从而带动滑动门的左右运动,以实现开关门动作。传动装置示意图如图 2-18 所示。

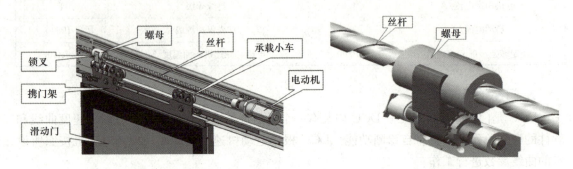

图 2-18 传动装置示意图

屏蔽门传动还可以采用齿形同步带传动方式,由单个直流电动机—减速器组合驱动,整个传动装置安装在顶箱内,由以下部分组成:配有驱动轮的齿形同步带、用于调节皮带松紧度的反向滑轮、用于拖动滑动门扇的滚轮拖板组件、皮带锁扣、为滑轮导向的导轨和闭锁单元。屏蔽门齿形同步带传动装置示意图如图 2-19 所示。

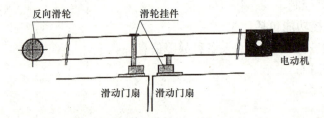

图 2-19 屏蔽门齿形同步带传动装置示意图

以带式传递为例,屏蔽门系统的直流无刷电动机的转轴与减速箱直接连接,电动机在关门阶段一般经过加速、速度保持、减速、低速保持、制动五个阶段。

2. 悬挂机构

悬挂机构是指将滑动门、应急门、端门悬挂在门机梁上的相关固件,由导轨和滑块组成。

3. 导轨

滑轮挂件运行在一个特殊的轨道上,这个轨道直接安装在顶箱型材内。导轨的表面经过高硬度的阳极氧化处理,以保证在门翼运行时无磨损和低噪声。

三、锁紧及解锁装置

屏蔽门系统滑动门锁紧及解锁装置即门锁,包括机械部分和电子部分。机械部分保证滑动门运行至锁定位置后能够锁定。电子部分保证能够通过行程开关将滑动门的状态反馈到每个门单元的门机控制器(DCU)。锁紧及解锁装置提供单道滑动门的关闭、锁紧、全开三种状态,并将三种状态提供给锁闭安全回路使用,也能够将该道滑动门当前的状态反馈至该道门的门机控制器。

屏蔽门滑动锁紧及解锁装置由锁块、位于滑轮挂件上的双头柱形锁销、行程开关、解锁电磁铁、闭锁辅助弹片等组成,如图2-20所示。

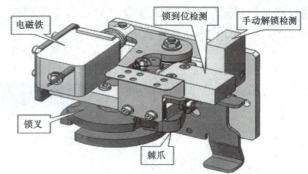

图 2-20 滑动门锁单元图

锁紧及解锁装置安装在门机梁上,该装置设置自动锁定、门到位且锁定位置检测、自动解锁及手动解锁功能。

当正常通电或两扇门被手动关至关闭位置时,传动装置中滚轮拖板组件的锁销滑入锁钩啮合锁闭,使滑动门不能被非正常打开。通过齿轮传动,使左右锁钩同步张开或闭合,可完成滑动门解锁与锁紧;采用导轨滑块结构实现滑动门关门是否到位和门是否锁紧检测,并在自动锁定过程中发送"门到位且锁定"信号。

当收到开门信号后,门机控制器(DCU)驱使电磁铁通电,磁场力将锁钩拉起,实现解锁,行程开关被触发,左右滑动门背向运动,脱离锁钩水平约束。此时电磁铁断电,到位开关已处于开门状态,滑动门继续运动至门全开位置。同样,当执行关门命令时,门机控制器驱使电动机动作,两扇滑动门相向运动,在门关闭位置处锁销滑入锁钩啮合锁闭,行程开关被触发,发出"门到位且锁定"信号。

在自动锁定和解锁过程中,行程开关的常闭触点将滑动门的锁闭状态反馈给门机控制器(双行程开关构成双切回路),解锁电磁铁由门机控制器(DCU)控制。

出于安全性和可靠性的考虑,屏蔽门滑动门还配有手动机械解锁装置。当在轨道侧操作手动解锁装置或在站台侧用钥匙解锁时,解锁装置内的解锁推杆将锁块推起,此时行程开关触点断开,DCU探测到此状态时启动声光报警装置进行报警,同时会自动驱动电动机,将门扇自动开启到一定开度。待一定延迟时间(可设置)过后,DCU重新通电驱动电动机使门扇自动关闭。当收到"门关闭并锁紧"的信号后,门机控制器才恢复到正常的工作模式。关门的动作将使解锁装置自动复位并锁紧门,滑动门恢复至安全状态。

滑动门采用三个行程开关:其中一个开关为锁定开关,采用顶杆式结构,用来检测门扇是否锁定;另外两个开关为到位开关,采用摆臂式结构,用来检测门扇是否到位。每个开关具有多副常开、常闭触点。

对于锁定开关,其中一副常闭触点作为安全回路使用,常开触点作为门扇锁定—解锁状态检测。当门扇关闭时,门锁拨叉落下,锁定开关释放,恢复自由状态,使常闭触点闭合,安全回路接通。同时,常开触点断开,检测信号传到该滑动门单元门机控制器(DCU),经DCU处理后传到中央接口盘(PSC),再由PSC上传到综合监控系统(ISCS)进行显示和报警。

对于到位开关,其中一副常开触点作为安全回路使用,常闭触点作为门扇到位－打开状态检测。当门扇关闭时,门体挂件触碰摆臂,使常开触点闭合,安全回路接通。同时,常闭触点断开,检测信号传到该滑动门单元门机控制器(DCU),经DCU处理后传到中央接口盘(PSC),再由PSC上传到综合监控系统(ISCS)进行显示和报警。

1. 电动机的作用是什么?
2. 简述门机控制器(DCU)的功能。
3. 简述传动机构是如何带动滑动门运动的?
4. 门到位开关如果设置的不合适会怎样?

任务三　屏蔽门的安装

一、屏蔽门系统安装要求

(1) 已设计的屏蔽门易于在城市轨道交通站台边缘安装。机械结构的设计上能在X、Y、Z方向做适应性调整:X(平行于轨道)方向不小于± 50 mm,Y(垂直于轨道)、Z(垂直于站台面)方向不小于± 30 mm。

(2) 门机水平固定,导轨与水平面的不平行度公差小于2 mm,门机梁的挠度在其设计寿命内不会影响滑动门的运行性能。

(3) 所有连接螺栓和定位螺钉有可靠的防松设计,安装调整完成后,应检查防松零件是否可靠。

(4) 立柱中心至轨道中心的安装误差范围不超出$0 \sim +5$ mm。立柱中心线和站台平面相垂直(站台纵向坡度2‰),不垂直度小于1.5 mm。

(5) 屏蔽门在站台上的各支座,在高程和平面安装调整时,保证门槛面和站台最终平面在同一平面内。

(6) 每侧站台固定门和应急门应整齐安装、调整在一个垂直平面内,平面度误差不大于5 mm。

(7) 固定门扇和固定门扇之间、固定门扇与门槛之间没有明显间隙,且间隙均匀。

(8) 滑动门扇关闭后两滑动门扇中缝没有明显的缝隙,不透光线,滑动门扇、应急门扇与门楣、门槛之间的间隙不大于6 mm,间隙处有密封毛刷或其他形式的密封装置。滑动门扇和固定门扇、滑动门扇和应急门扇之间的间隙,在门扇未受横向负载条件下,上下均匀一致。滑动门关闭状态下,这条间隙有可靠的装置自动密封,防止发生站台侧与轨道侧的空气串流。

(9) 在滑动门与固定门之间的间隙设一定厚度的橡胶条,以加强密封,防止小孩的手指伸入间隙。

(10) 轨道侧顶箱安装不允许侵入限界,顶箱面板之间的间隙平直、均匀。

(11) 屏蔽门系统内各电气设备的安装与更换简单方便,易于维护,系统各设备的结构设计力求精巧、实用。

(12) 安装屏蔽门系统内各电气设备时,考虑各电气设备在功能与容量上都易于扩展,且配置方便,采取可靠措施,保证其运行高度安全。

二、车站屏蔽门安装方式及预埋件设置

1. 屏蔽门安装方式

屏蔽门门体的安装方式有两种:顶部悬挂和底部支撑。两种方式比较如下:

(1) 顶部悬挂。顶部悬挂是指整个屏蔽门的质量和水平荷载均由上部连接结构承担。除门槛外,包括滑动门、固定门、应急门、门机系统及所有其他构件的质量均通过上部悬挂传递到站台顶板结构上,屏蔽门整个结构对站台板没有垂直载荷或垂直载荷较小。

其特点是门结构无承重立柱,在站台上通透性更好,但安装与维护相对不太方便。这类安装方式更适合于改造项目。

(2) 底部支撑。底部支撑是指屏蔽门系统所有质量和水平荷载都由安装在站台底板上的屏蔽门立柱、底部支撑座承担,由立柱及底部支承座将门体结构的重力荷载转移到站台板上的支承方式。国内大部分线路的屏蔽门均采用此种方式。

其主要特点如下:

①门体结构的主要承重部件为立柱和底部支承座,屏蔽门在站台的通透性相对上部悬挂方案差。

②土建结构产生沉降量,屏蔽门系统需要调节,一般在门立柱顶部轴套伸缩结构上预留一定间隙的沉降量。门底部与站台板的安装间隙可控制在较小的范围内,可达 5 mm。

③运行中结构变形检查、调节均可在底部进行,安装维护较为方便。

2. 上部预埋条件

门体结构顶梁设置有两种方式:顶部横梁安装和侧向顶梁安装。

(1) 顶部横梁和预埋件。顶部横梁和预埋件方案是在屏蔽门安装位置正上方设置结构顶梁,顶梁底面设置预埋件。此种方案存在以下不足之处:

①结构的渗漏水很容易通过屏蔽门与站台顶梁的结合面流进屏蔽门顶箱。因此,必须考虑防水处理。

②站台顶梁的设置位置减小了站台侧上方的管线敷设空间,并有可能与车站内风管、电缆桥架位置发生冲突。

③屏蔽门安装在站台顶梁的正下方,土建施工误差引起站台顶梁的相对位置偏差,将增加屏蔽门的安装困难,后期不得不采用较多的化学螺栓来进行连接固定,且施工面为正上方,施工工艺困难,难度大。

(2) 侧向顶梁和预埋件。在屏蔽门安装位置的轨道侧上方，沿站台边缘设置通长纵梁，纵梁边缘与站台边缘平齐，顶梁底标高一般在站台吊顶以上约 100 mm。在顶梁内设置预埋件（预埋连接板和穿透钢管），屏蔽门安装时通过预埋件与之连接固定。我国现在新建城市轨道交通屏蔽门均采用此种方式。

3. 底部安装预留条件

屏蔽门底部与站台板的连接处可采用预埋件方式，也可直接采用后固定方式。

(1) 采用预埋件方式可以有三种预埋件设置方式：预埋燕尾槽、预留开孔、预埋钢板。

(2) 底部安装采用后固定方式，即土建站台板不预埋屏蔽门安装预埋件，但应保证足够的强度和正确的站台边缘尺寸，屏蔽门安装时直接现场打孔安装，或者采用化学螺栓，或者采用穿透螺栓，这样更能适应土建的施工误差。

三、屏蔽门材料

屏蔽门系统使用寿命不小于 30 年，采用质优价低的材料，门体材料须防霉变、抗腐蚀，门体材料表面应保证一定的硬度、不褪色，并容易清洁。所有受力部件采用优质钢材，门体玻璃采用钢化玻璃，顶箱内部的门机梁采用铝合金型材。

1. 门体结构受力件材料

门体结构的立柱、顶梁、顶部桁架及底部支撑件等主要结构受力件建议采用优质碳素结构钢（进行镀锌防腐处理，镀锌层厚度不小于 80 μm）；门体玻璃采用钢化安全玻璃。而屏蔽门顶箱面板，为配合车站装修设计，可选用铝合金或低碳钢材料，经防腐处理和着色处理。推荐采用铝合金型材作为顶箱前盖板的材质，以满足强度要求，并保持平整度。

对于门体外露材料（主要是立柱外包板，滑动门、应急门等各类门框）选择，一般有铝合金型材外加表面处理（阳极氧化或氟碳喷涂）或发纹不锈钢直接使用两种。从防腐和耐腐性能方面考虑，门体外露材料采用不锈钢材质为宜。相比不锈钢，铝合金型材具有价格稍低，外观可以根据装修要求采用不同颜色和形状（选用不同的铝型材截面）等优点，因此，不锈钢和铝合金（经防腐处理）各具有不同的优势。

2. 门体隔离材料

屏蔽门采用的玻璃必须是安全玻璃。根据国内外屏蔽门采用玻璃情况，主要可选择钢化安全玻璃和钢化夹层玻璃。

从消防角度考虑，地下车站屏蔽门须满足逃生要求。但钢化夹层玻璃破碎后玻璃不掉落，必要时无法满足通过屏蔽门逃生或救援的要求。为解决逃生问题，必须按规范在一定位置设置安全通道口并做好标识。而屏蔽门门扇玻璃如要采用钢化夹层玻璃，也应设置安全通道口并做标识，这将影响车站的美观性，同时对救援或疏散不利。相反，轨道交通站台有完善的监视系统，且有站台值班人员进行巡视，玻璃一旦破碎，运营人员可及时知晓并采取应急措施，对乘客安全影响不大。

目前，国内外城市轨道交通屏蔽门玻璃多采用单层钢化屏蔽门玻璃，只有少数屏蔽门系统，如新加坡部分城市轨道交通项目采用了钢化夹层玻璃。

单层钢化安全玻璃经热浸均质处理，既能满足屏蔽门对玻璃的功能需求，又可节省投资。

所有屏蔽门系统门玻璃均采用符合国家标准的钢化玻璃，无色透明，都须经过均质处理并在最大荷载条件下不会破碎或产生永久变形。根据门扇大小以及所承受的荷载，屏蔽门滑动门玻璃厚度应不小于 8 mm，固定门、端门、应急门玻璃厚度应不小于 10 mm。

玻璃的粘接是屏蔽门门体的关键工序，采用性能可靠的胶粘剂是该工序施工的关键因素之一。双组分结构密封胶被广泛应用于城市轨道交通车站屏蔽门及高层建筑幕墙隐框玻璃的粘接，效果可靠。

思考

1. 为什么屏蔽门系统选择单层钢化安全玻璃？
2. 门体结构受力件有哪些？

课后练习

一、选择题

1. 不属于屏蔽门门体结构部分的是（　　）。
   A. 顶箱　　　　　　　B. 滑动门　　　　　　C. 门槛　　　　　　D. 中央控制盘
2. 属于屏蔽门门本体结构的是（　　）。
   A. 滑动门　　　　　　B. 端门　　　　　　　C. 固定门　　　　　D. 人防门
3. 滑动门一般设有障碍物探测功能，其能探测到的最小障碍物一般为（　　）的物体。
   A. 5 mm（厚）×40 mm（宽）　　　　　　B. 10 mm（厚）×40 mm（宽）
   C. 5 mm（厚）×80 mm（宽）　　　　　　D. 10 mm（厚）×80 mm（宽）
4. 下列关于应急门的说法正确的是（　　）。
   A. 应急门一般当作固定门使用，只有紧急疏散时才开启
   B. 在列车进站无法停靠在允许的误差范围位置时，必有一道列车门对准应急门
   C. 若需要由应急门紧急疏散时，可由乘客在轨道侧列车上打开相对应的列车门后推动应急门的解锁装置
   D. 可由站台侧站台工作人员用专用钥匙打开应急门进行紧急疏散

二、判断题

1. 滑动门关门受阻时，门操作机构能通过探测器检测到有障碍物存在并立即释放关门力，滑动门全开并进行报警，等待工作人员处理。（　　）
2. 固定门只有一种规格，即标准固定门。（　　）
3. 门状态指示灯只有在故障的时候才会闪烁。（　　）

三、简答题

1. 简述屏蔽门系统的组成。
2. 简述门机控制器的功能。

项目三
站台屏蔽门控制系统学习

站台屏蔽门的控制系统不仅要满足设备在正常状态下的安全可靠运行，还要满足在非正常状态下保证乘客安全的需要。屏蔽门控制系统在正常运营下采用系统级控制，非正常情况下有站台级控制、车站级控制和手动级控制共四级五种控制方式。

项目三　站台屏蔽门控制系统学习

学习目标

1. 掌握屏蔽门控制系统组成部分及其功能。
2. 掌握屏蔽门控制系统的控制模式。
3. 掌握屏蔽门监视系统的功能。
4. 掌握屏蔽门控制系统的开门控制权限。

案例导入

2011年9月1日上午7时55分，广州地铁3号线燕塘站屏蔽门在列车到站后，无法自动打开。故障发生后，地铁公司及时启动应急预案，组织技术人员抢修。上午8时45分，燕塘站屏蔽门恢复正常运作。故障期间，车站人员手动开启屏蔽门维持正常运营，乘客上下车未受影响。但造成机场南和体育西路之间区段，列车最大延误6 min。

新课学习

任务一　学习屏蔽门电气控制系统的主要部件

站台屏蔽门控制系统主要由中央控制盘（PSC）、就地控制盘（PSL）、综合后备盘（IBP）、就地控制盒（LCB）、门控单元（DCU）、通信介质及通信接口、屏蔽门状态监视系统等设备组成。控制系统应满足设备在正常状态下、非正常状态下的安全、可靠运行，应满足非正常状态下乘客安全疏散的需要。

每个标准站台包含一套中央控制盘（PSC），其内部有两套控制子系统，用于实时控制两侧屏蔽门的运行。两套控制子系统相互独立，任一侧屏蔽门故障不影响另一侧屏蔽门的正常运行。

每套子系统包括逻辑控制单元（LCU）、就地控制盘（PSL）、综合后备盘（IBP）、控制回路等。单个屏蔽门的单元的控制相对独立，任一单元的故障不影响同侧其他单元的正常运行。

屏蔽门状态监视系统是由现场CAN总线通信局域网构成的总线型监视系统，可通过每个门控单元（DCU），将单个门相关状态，通过监控终端进行状态显示、查询记录，并可以通过中央接口盘（PSC），对整个监视系统进行参数修改、软件下载以及每个门单元的故障、

31

运行状态的查询。

屏蔽门中央控制盘（PSC）配置了与综合监控系统（ISCS）、信号系统（SIG）进行通信的介质及接口部件。

在发生紧急情况下，地下车站的屏蔽门边门接受综合后备盘的控制，以作为消防排烟通道使用，但其他的滑动门均处于关闭锁紧状态。

屏蔽门控制系统是以站台为基础进行设置的，也就是说，每个站台的屏蔽门都是独立运行的。两侧门控制系统主要由以下系统部件组成：

（1）中央控制盘：1个两侧站台的车站配置1个中央控制盘（PSC）。

（2）单元控制器：1个中央控制盘含2个单元控制器。

（3）门机控制器：1个单元控制器连接一定数量的门机控制器，其数量根据车站设置来决定。

（4）就地控制盘：1个单元控制器连接1个就地控制盘。

（5）车控室综合后备盘：1个中央控制盘连接1个车控室综合后备盘。

屏蔽门控制系统框图如图3-1所示。

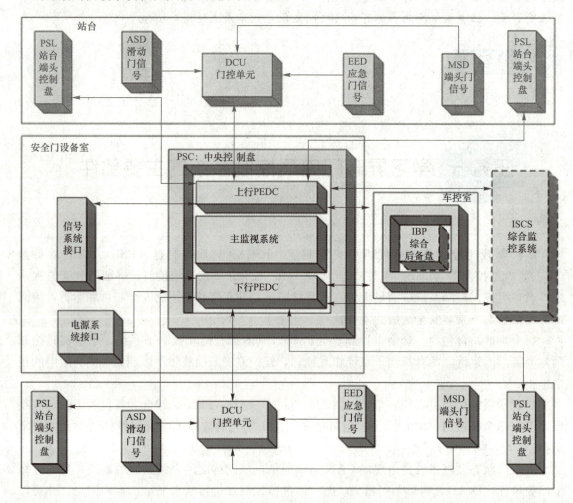

图3-1　屏蔽门控制系统框图

一、中央控制盘（PSC）

中央控制盘（PSC）是整个屏蔽门控制系统的核心，其位于车站设备室内。设备室内有PSC机柜一台，驱动电源柜、蓄电池柜各一台。中央控制盘包括柜体、逻辑控制单元控制器、监控主机及显示终端、信号系统和综合监控系统的接口装置、接线端子排、布设电缆的线槽、排热风扇、测量表及中央控制盘面板的相关状态指示灯。

PSC内部有两个由继电器组成的PEDC，分别叫作PEDC1和PEDC2。它们接收信号系统或者PSL的信号，组成各种逻辑关系，向对应侧的安全门发出开关门信号，同时接收门状态信号，反馈到盘面指示灯上。此外，PSC内还有一个主监视系统，这是一个带有I/O功能和数据存储功能的通信模块，其功能是和两侧安全门的DCU通信，读取DCU内部的数据，还通过I/O口接收PSC的信号，把这些信号存储在存储器内，供其他上位监控系统调用。其结构如图3-2所示。

图3-2　中央控制盘结构示意图

PSC内所有电气元件均为高质量元件，可承受±10%的电压波动，且在控制电源输入端子处加入压敏保护电阻，具有过流、过压保护功能。

PSC柜内所有元器件（继电器、PLC、端子排、显示终端等）固定牢固，具有抗震、防尘、防潮及抗电磁干扰功能，且通过电磁兼容EMC测试，满足地铁环境条件下正常运行的要求，防护等级为IP54。

每个PSC内所有设备共用盘内的接线端子及其他辅助设备。每种类型的接口端子预留20%的余量，具有可扩展性。

（1）PSC面板上具有状态及故障指示，包括：

①全部ASD开启指示灯（红色）；

②全部 ASD/EED 锁闭指示灯（绿色）；
③ASD 手动操作指示灯（橙色）；
④ASD 开/关门故障指示灯（红色）；
⑤ASD 开门报警指示灯（红色）；
⑥ASD 关门报警指示灯（红色）；
⑦ASD/EED 互锁解除报警指示灯（红色）；
⑧IBP 操作故障指示灯（红色）；
⑨电源故障指示灯（红色）；
⑩控制系统故障指示灯（红色）；
⑪监视系统故障指示灯（红色）；
⑫现场总线故障指示灯（红色）；
⑬故障复位按钮（绿色）；
⑭试灯按钮（黑色）；
⑮蜂鸣器（黑色）；
⑯PSD 测试转换钥匙开关（两位钥匙开关）。

这些指示灯在 PSC 柜前面板的显示终端上也均有显示。PSC 可以将逻辑控制单元的正常的状态信息显示在箱体表面，正常用绿灯表示，故障用红灯显示。PSC 柜的电缆采用下进线及下出线方式。

（2）PSC 的控制功能，包括：
①执行信号系统指令，控制 DCU 实现相应操作，并应向信号系统反馈屏蔽门的状态信息。
②可靠执行 PSL 上的操作命令。
③主控机内可以修改滑动门的速度曲线参数，并能集中下传到每个 DCU。
④每套单元控制器（PEDC）配有独立的回路与车站控制室 IBP 综合监控系统接口相连。

（3）PSC 的监视功能，包括：
①具有系统运行监视功能和自诊断功能。
②能够通过现场总线在线监视所有 DCU 的工作运行状况。
③能够查询 PSL 上的操作和状态信息。
④能够自动检测屏蔽门系统内部的一些重要故障。
⑤存储重要的数据。
⑥具有手提计算机接口，以便下载数据或更新参数。
⑦具有与综合监控系统的通信功能，将屏蔽门的运营状态及有关故障信息发送至综合监控系统。
⑧PSC 盘面根据设备设计的不同，盘面上设置的状态指示灯，如图 3-3 所示。

项目三 站台屏蔽门控制系统学习

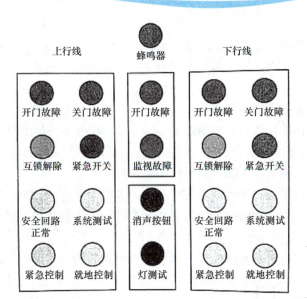

图 3-3　PSC 盘面指示灯

（4）PSC 的接口功能，包括：
①信号系统；
②PSA；
③ISCS；
④电源和 UPS；
⑤站台 PSL；
⑥车控室 IBP；
⑦PTE 接口。

二、单元控制器（PEDC）

单元控制器（PEDC）是 PSC 控制子系统的主要设备，属于整个总线网络的主设备，可实现系统内部信息的收发、采集、汇总和分析，实现与综合监控系统、就地控制盘、门机控制器各模块之间的信息交换，并能够查询逻辑控制单元中各个回路的状态，具有足够存放数据和软件的存储单元，具有运行监视功能及自诊断功能。

PEDC 作为 PSC 的核心部件，在设计中遵循"安全、可靠、易维护"原则。两套 PEDC 在正常工作状态下可进行相互切换，双机热备冗余保证可靠，当一组故障时，自动切换至另一组工作，并可随时断开故障组电源，以插拔方式更换故障插件，维护工作简便轻松。

PEDC 的主要功能如下：
（1）能够通过现场总线在线监视所有门机控制器的工作运行状况。
（2）每个单元控制器均能够在接收到信号系统开/关门命令后，快速准确地反应，并发出开、关门命令。
（3）执行信号系统指令，控制门机控制器实现相应操作，并向信号系统反馈屏蔽门的状态信息。

（4）能够查询就地控制盘上的操作和状态信息。

（5）可以接受车控室综合后备盘的开门命令，以配合环控系统，完成防排烟模式。

（6）通过设置的编程/调试接口，可下载并可在线或离线调整参数和软件组态，通过现场总线对各门机控制器单元重新编程。

（7）单元控制器内能设置速度曲线，有不少于 60 条曲线的存储容量，并且存储常用的开/关门障碍物探测及停电等意外模式下门体的运行曲线。在单元控制器内可以修改滑动门速度曲线参数，并能实现集中下载到每个门机控制器。

（8）监控主机系统能够自动检测屏蔽门系统内部的一些重要故障，包括电源故障报警和不间断电源故障报警、控制网络故障、门机控制器等相关设备故障，并进行故障显示或故障记录。

（9）能够在控制室内监控系统中查询到状态信息量及种类。

三、就地控制盘（PSL）

在正常运营情况下，每个车站每侧站台屏蔽门设置 1 套 PSL。根据特殊的运营要求，需要站前折返的车站每侧站台设置 2 套 PSL（简称双 PSL）。如图 3-4 所示，PSL 的安装位置与列车正常停车时驾驶室的门相对，方便司机操作和监视屏蔽门开/关情况。PSL 具有对整侧屏蔽门进行开/关操作的功能。当信号系统与屏蔽门系统无法进行通信时，站台工作人员或列车驾驶员可通过 PSL 对屏蔽门进行开/关操作。

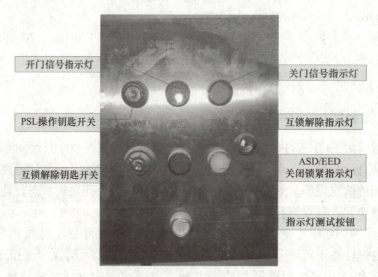

图 3-4　屏蔽门就地控制盘

1. 组成及功能要求

PSL 内设置端子排，通过硬线与 PSC 柜内的端子排相连接，建立与 PEDC 的控制关系。监控主机 PLC 可以监视到 PSL 开关门钥匙开关与互锁解除钥匙开关的状态，并进行显示和记录。

在不操作 PSL 时，PSL 面板上"ASD/EED 关闭且锁紧""ASD 开门"状态指示灯可实时反映屏蔽门状态，驾驶室内的司机可方便地观察指示灯状态。

盘上的操作允许开关，只有钥匙开关处于操作允许时，开门关门按钮才有控制作用。屏蔽门没有关闭且锁紧，列车是不能离站的，如果某个安全门出现故障，在 PSL 通过钥匙开关，人为发出互锁解除信号，取代安全门的关闭且锁紧信号，让列车能够离站。测试按钮，主要是用来检查盘面上的指示灯是否有故障，当按下测试按钮时，指示灯会点亮。

2. 配置要求

PSL 盘内指示灯的额定工作电压均为直流 24 V，取自 PSC 柜内的控制电源，具有过流、过压保护。钥匙开关、按钮等均为无源元件。

PSL 的盘体为不锈钢外壳，应符合抗震、防尘、防潮及抗电磁干扰要求，并满足地铁环境要求，防护等级为 IP55。

采用不锈钢外壳作为 PSL 的盘体，内部装有指示灯、钥匙开关、端子排等元器件。在 PSL 设计过程中已在盘体内设置了电话安装及走线空间。

PSL 上的指示灯采用 LED 发光芯片为光源，其连续工作寿命大于 50 000 h。

PSL 盘面包括以下指示灯及按钮：

（1）"ASD/EED 关闭且锁紧"状态指示灯：该指示灯为绿色，当所有门单元关闭并锁紧后，指示灯点亮；当某一个 ASD/EED 没有关闭且锁紧，这个绿色的指示灯将熄灭。

（2）"ASD 开门"状态指示灯：该指示灯为红色，当所有滑动门单元全开到位后，指示灯点亮；当滑动门打开/关闭过程中，指示灯闪烁。

（3）互锁解除指示灯：该指示灯为红色，互锁解除强制钥匙开关被执行时，这个红色的指示灯将被点亮。

（4）互锁解除两位钥匙开关：转动此钥匙开关将"互锁解除"信号传送到信号系统。当转动的力释放后，钥匙通过自复位功能自动回到正常位置。

（5）开关门三位钥匙开关：该钥匙开关共设三挡，分为正常位、关门位和开门位。通过旋转开关到各自位置，可以对所有滑动门发出开/关门命令。钥匙只有在正常位时才能取出。

（6）指示灯测试按钮：该指示灯为白色，执行指示灯测试按钮后，PSL 上所有的指示灯将被点亮，以检测损坏的指示灯。

上述指示灯、开关（包括开关位）均配有中英文标识。

PSL 的按钮、开关无故障的操作次数大于 10 万次。

四、综合后备盘（IBP）

综合控制室的综合后备盘（IBP）上安装屏蔽门操作开关。IBP 的控制模式是以每侧屏蔽门为独立的控制对象。车站紧急情况下（如火灾），车站控制室操作 IBP 上的开门按钮，打开滑动门进行排烟或人员疏散，滑动门完全打开后，PSC 面板、PSL、IBP 上的开门指示灯亮，如图 3-5 所示。

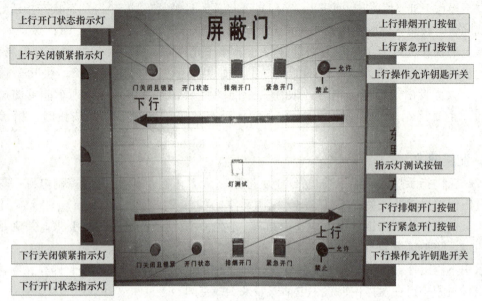

图3-5 综合后备盘（IBP）面板

五、门机控制器（DCU）

DCU是滑动门电动机的控制装置。每对滑动门单元都配置一个DCU，控制两门扇的动作，并采集屏蔽门的各种状态、故障信息发送至PSC。屏蔽门的DCU安装在顶箱内，由CPU、存贮单元、接口单元、电机的驱动电路及相关软件等组成。DCU执行系统级和站台级设备发来的控制命令。个别门DCU故障时，不影响同侧其他安全门的正常工作。

1. 门机控制器（DCU）的组成

DCU的CPU组、存储单元、接口单元、网络模块通过一块主板集成，通过专用监控软件，执行PEDC、IBP和PSL的命令控制与监测滑动门的运动。

DCU功能及接口配置如下：

（1）DCU配置就地控制盒的控制输入接口。

（2）DCU配置门状态指示灯。

（3）DCU配置冗余的现场总线接口。

（4）DCU配置用于开/关门命令、就地控制盘、综合后备盘相关功能回路的接口。

（5）配置便携式计算机接口，便于对每道滑动门DCU进行软件调试及试验。

DCU硬件接口示意图如图3-6所示。

2. 门机控制器（DCU）的设备配置

DCU的设备配置如下：

（1）DCU内部应存储必要的速度曲线，设置多组门体夹紧力阈值（夹紧力阈值最大不超过150 N）、重关门间隔时间（0.3 s，在0.3～2 s可调）和重关门延迟时间（2 s，在0.1～10 s可调）和重关门次数（3次，1～5次可调）等参数。

（2）DCU输入电源具有过流、过压保护。

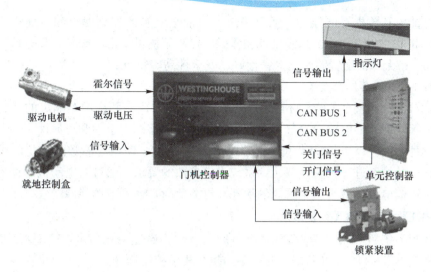

图 3-6　DCU 硬件接口示意图

（3）DCU 具有抗震、防尘、防潮及抗电磁干扰及静电干扰的功能，并满足城市轨道交通环境要求。

（4）DCU 的安装位置便于维修及更换。

（5）DCU 具有足够存放数据库和软件的存贮单元，具有自诊断功能。

（6）DCU 组按照其中设定的速度曲线，实现对电机的实时控制，能够准确探测门体、门锁等设备的状态信息。

（7）防护等级不小于 IP54。

3. 配置选型及技术参数

（1）电路结构。高电压侧电路，其由电动机驱动电路、电子锁驱动电路、电动机电流一次回路侧测量电路、电压一次回路侧测量电路组成。此部分有其专用的电源，电动机驱动芯片具有不依赖软件干预的短路保护、过流保护、温度保护等功能。

电流电压测量电路采用光电隔离数字化处理（保证线性度要求）的芯片，其他反馈采用普通可靠的光耦电路。电压的测量能保证电压大范围变化时能及时调整，从而进行精确控制；电流的测量能使 CPU 可控制电动机驱动力。

数字 IO 电路采用独立的电源供电，与 CPU 的连接通过隔离措施，保护 CPU 不受外路的电磁干扰。

DCU 电路结构在电动机驱动电路部分、输入输出接口电路部分、CPU 电路部分、网络电路部分均采用相应的隔离措施，这种电路设计大大提高了可靠性和抗干扰能力。

（2）主控芯片。DCU 的主控芯片应用先进的接口保护技术和电路保护技术，具有工作频率高、抗干扰能力强、超大规模集成、性能稳定、运算能力强的特点，广泛应用于大型控制系统和工业控制领域。其主要技术特点如下：

①性能稳定、功耗低：工作频率高、抗干扰能力强、超大规模集成、性能稳定、运算能力强；与同类产品相比，性能更好、集成度更强、功耗更低。

②单片、高集成度、瞬间上电、高安全性：不但集成了单片机的控制功能和数字信号处

理器的计算能力和数据吞吐能力,而且集成了目前最先进的控制模块和系统管理、安全单元,集成度高;为总线桥接、总线接口和译码、控制等提供了最佳服务,具有瞬间上电(时间小于 1 ms)、无外围配置芯片、保密性好、安全性高等特点。

③最好的 DDR 存储器支持。

(3) 电源部分。整个 DCU 的电源分成多组,它们采用一两次回路隔离的开关电源,从而保证各个不同性质的电路在电气口完全隔离,提高电路的安全性和可靠性。

(4) 软件方面。DCU 的软件能够监测机械结构负载、摩擦等参数的变化,通过一定的算法对电动机的控制进行调整,以达到系统设定参数的要求。通过对电动机的算法控制,减小电动机的冲击电流,减小整个系统的功耗和电源负荷,达到节约能源的效果。

4. 门机控制器（DCU）的功能

(1) 执行系统级和站台级发来的控制命令。DCU 通过硬线信号与 PEDC/PSL/IBP 连接,接受来自 PEDC/PSL/IBP 的信号控制,执行相关控制指令。

(2) 能够采集并发送门状态信息及各种故障信息。DCU 能够采集门状态信息及各种故障信息,并通过 CANBUS 现场总线网络将门状态信息及各种故障信息发送到中央接口盘(PSC)。

5. 门机控制器（DCU）的控制原理

(1) PEDC－DCU 接口信号管理。单元控制器（PEDC）与门控单元（DCU）之间的电频信号示意图如图 3-7 所示。

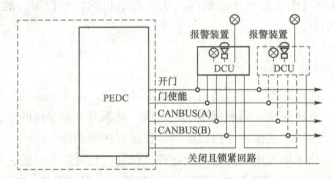

图 3-7　PEDC－DCU 电频信号示意图

(2) 开门信号,允许信号。DCU 接受来自 PEDC/PSL/IBP 的信号控制,DCU 通过硬线信号与 PEDC/PSL/IBP 连接。开门信号:一条非关键的 50 V 交流线路与站台的所有 DCU 串联。允许信号:从 PEDC 主板或者/PSL/PEC 控制继电器发送给 DCU 的双切关键信号。

允许、开门信号对屏蔽门的影响见表 3-1。

表 3-1　允许、开门信号对屏蔽门的影响

允许	开门	对屏蔽门的影响
0	X	没有允许信号,门不动作

续表

允许	开门	对屏蔽门的影响
1	0	关门
1	1	开门

（3）双冗余CANBUS数据总线。双冗余CANBUS数据总线原理图如图3-8所示。

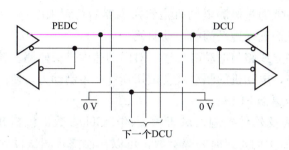

图3-8　双冗余CANBUS数据总线原理图

注：CAN为PEDC与每个DCU的双向串联接口。

双冗余CANBUS数据总线与所有DCU串联，实现DCU和PEDC之间的数据通信。

（4）ASD/EED/端门活动门关闭锁紧信号。所有ASD/EED/端门与信号系统（SIG）串联的关键线路信号1条4线双切的"ASD/EED/端门活动门关闭锁紧"线路将提供给该信号。该线路与每个滑动门与应急门串联。当所有"ASD/EED"关闭且锁定时，该线路将接通。信号系统将提供屏蔽门（PSD）系统电压。该电压的供应将通过四线双切继电器回路切换给信号系统，ASD/EED/端门关门信号，如图3-9所示。

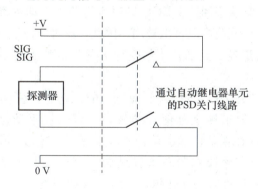

图3-9　关闭锁紧信号原理图

（5）门运动曲线的控制。DCU能够储存开关门运动曲线，运动曲线可适用于所有车站的对称与非对称门。滑动门的运动曲线是通过DCU来控制的。这些曲线是通过选取不同的门速、开关门时间以及门开始启动、开门加速度与关门减速度来设置的，速度与开关门力可以调节。

DCU包含一个微处理器，它提供了一个脉宽调制动力给电源晶体管输出极，并且依次驱动免维护的直流电动机。电动机装置含有一个霍尔开关电动机位置传感器，可以将门运动的位置反馈至DCU内的计算机控制主板。

DCU 能根据指定的速度曲线和各个滑动门的特性,对门机的调节实施智能控制,电动机的加速度通过监测电动机后端的电动势来测量,电动机的扭矩通过测量电动机电流来获得。最终达到各个滑动门开闭的同步性和一致性,并能够准确探测门体、门锁等设备的状态信息。

DCU 组按照其中设定的速度曲线实现对电动机的实时控制,能够根据门体在安装后,滑动门体推拉阻力的偏差,自动修正速度曲线,使滑动门到达规定的开关门时间。

屏蔽门滑动门的位置通过监测电动机霍尔探测器的行程来跟踪,DCU 同时对电动机反馈的信息进行监测,从而确保遵循门的运动曲线。

过速保护装置的独立线路与电动机相连,对门的速度进行监测。若门速过快或者在门运动过程中出现供电故障,电动机的驱动就会被切断并产生制动力,使门停止动作。门的超速中断发生的情况也会传递给 PEDC。

(6) 关键数据监测及软件控制。对于重要的 DCU 参数,包括开门时间、关门时间、开/关门障碍物次数、重关门延迟时间等参数,可以在便携式测试设备(PTE)或监视系统上通过通信网络在线修改、调整。通过 DCU 内设置的编程/调试/诊断接口,可在线和离线调整参数和软件组态,可进行重新编程和重新设置参数,能够在监控主机上存储故障、操作历史记录。可通过监视系统上通信网络在线升级或通过 PSA,对 DCU 软件进行下载。

(7) 开门指示灯控制。每个门单元的"开门指示灯"用于显示每个门单元的运行状态。屏蔽门系统指示灯由 DCU 控制,这对于所有的站台都适用。光报警装置为多簇 LED 组成,从而达到理想的显示效果。

(8) 手动解锁装置的监视。滑动门手动解锁装置安装在每个滑动门门框的外侧边缘,通过操作手柄,可以驱动锁定装置的机械轴,推动门锁凸轮旋转,从而将两扇滑动门解锁,同时切断关键的门关闭且锁紧状态回路。DCU 同时也将监视手动解锁装置的操作,它将断开"允许继电器",这样将使减速箱可以自由转动。因此,乘客可以通过施加门扇的水平力将门扇打开。机械零部件配合迅速、灵活,不易受地区常见的沙尘、雨雪、闷热、潮湿环境的影响。

DCU 对门锁关键连锁开关以及滑动门/应急门的手动开锁机构开关进行监控,每道滑动门/应急门/端门都配有轨道侧手动解锁装置,可以通过手动操作,打开门锁定装置,允许手动打开滑动门。手动解锁装置也可以在站台侧由工作人员通过钥匙打开,站台侧的钥匙孔是隐藏式的。轨道侧操作紧急解锁装置打开,打开手动解锁装置的动作如下:滑动门在手动解锁操作完成的 15 s(可调)之后,滑动门将受到一个较小的重新关门力,电动机线路恢复供电。在不需工作人员参与的情况下,门可以自动关闭,从而使门处于安全的状态。

(9) 手动操作模式。每个屏蔽门滑动门可以通过就地控制盒(LCB)进行就地的操作监视。

(10) 应急门(EED)的监视。每侧站台的每扇应急门都装配有限位开关。一旦门打开,限位开关可以监测门的状态。

应急门的监测是通过邻近 DCU 来实现的。

应急门的关门与锁定状态是与滑动门的关门与锁定状态一起组合的,一起发出关键的关门信号给 PEDC。

部分门单元的滑动门的左侧或右侧设有应急门门扇。这些门单元的 DCU 监视应急门的锁定开关并且通过 CAN 数据总线将应急门的操作信息反馈给 PEDC。应急门的锁定开关与每个门单元的关闭且锁紧关键回路相连接。

(11) 端门的监视。端门通过邻近的门单元来监测。这些门单元的 DCU 将监视端门（MSD）的锁定开关并且将 MSD 操作的信息通过 CAN 数据总线反馈给 PEDC。MSD 的锁定开关不与每个门单元的关闭且锁紧关键回路相连接。

六、就地控制盒（LCB）

每个滑动门上方顶箱内均配有一个 LCB，便于工作人员（站务及维修人员）对单扇滑动门就地操作。LCB 一般设"自动、手动关门、手动开门、隔离"四挡，如图 3-10、图 3-11 所示。

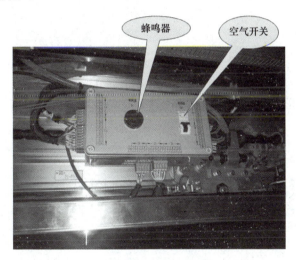

图 3-10 就地控制盒

图 3-11 LCB 模式开关面板

在正常情况下，模式开关置于"自动"状态，屏蔽门可接收信号系统的命令进行自动控制。当模式开关离开自动位置时，本对滑动门与整个控制系统隔离，则信号系统、PSC、PSL、IBP 的控制都失效。当某对滑动门发生故障需维修或保养时，可将该对滑动门的模式开关置于"隔离"状态。也可将该对滑动门的模式开关置于"手动开门"或"手动关门"状态，以便进行人工开关屏蔽门进行单道门的调试。

LCB 插入钥匙后，钥匙从"自动"位置顺时针旋转 90°为"手动关门"位置；再顺时针旋转 90°为"手动开门"位置。从"手动开门"位置不能直接旋转到"隔离"位置。从"自动"位置逆时针旋转 90°为"隔离"位置。"自动"位置钥匙开关对应设置一个绿灯，当钥匙在该位置时灯亮。钥匙只有在"自动"位置时方可取出。只有在"自动"位置时，DCU 进入安全回路；其他位置，DCU 退出安全回路。

当 LCB 处于"自动"位置时，允许 DCU 接收 PSC 的开关门命令；当 LCB 处于"隔离"位置时，DCU 与系统隔离，且隔离本单元的电源，不影响整个系统的正常工作，便于维修作业;当 LCB 处于"手动开门"位置或"手动关门"位置时,不执行来自 PSC 的命令。门扇可通过对应功能直接手动操作。

LCB 钥匙开关通过专用电缆与 DCU 接口单元连接,且有铝盒密封,接线端子不外露,安全防尘。每个门单元中无论发生网络通信故障、电源故障、DCU 故障、门机故障以及其他故障,均可通过 LCB 切断此对滑动门 DCU 的电源,从而使此故障单元从整个系统中隔离,不影响整个系统的正常工作。

LCB 模式开关的安装位置在滑动门门楣右下方,钥匙开关及按钮的安装位置方便站台侧工作人员通过钥匙进行模式转换。

1. 简述中央控制盘的功能。
2. 简述就地控制盘各按钮的功能。
3. 就地控制盒有几种状态?
4. 简述门机控制器和各控制器之间的信号传输。

任务二 学习屏蔽门控制系统的控制模式

站台安全门控制系统一般具有系统级控制、站台级控制、车站级控制和手动级控制共四级控制方式。其中以手动级控制优先级最高,系统级控制优先级最低。各系统的安全等级与控制优先级如图 3-12 所示。

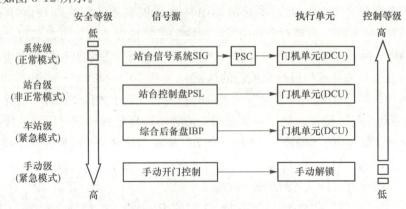

图 3-12 站台屏蔽门控制系统

系统级控制又称信号控制，是正常运行情况下的控制方式；站台级控制是指就地控制盘操作；车站级控制是指车站 IBP 盘控制；就地控制包括 LCB 控制和手动控制。

一、系统级控制

系统级控制为正常情况下屏蔽门采用的控制方式，由信号系统直接对屏蔽门进行控制的方式。当列车进站时，经由信号系统通过 PSC 向屏蔽门 DCU 发出开/关门指令。

（1）系统级控制下的开门流程：列车进站停稳、并经信号系统确认列车停在允许范围后，信号系统向屏蔽门系统发出开门指令到 PSC。PSC 向每个门控单元发送开门的指令，滑动门打开。开启时，门状态指示灯和 PSC 上 ASD/EED 状态指示灯点亮，PSC 面板、PSL 和 IBP 上所有滑动门、应急门关闭且锁紧状态指示灯熄灭。开门流程如图 3-13 所示。

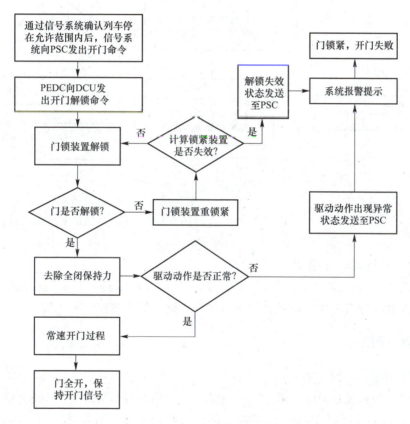

图 3-13　开门流程

（2）系统级控制下的关门流程：列车即将离站时，信号系统发出关门指令到 PSC，PSC 向门机单元发送关门指令，整列滑动门的门机单元执行关门指令，门关闭并锁紧后顶箱上指示灯熄灭，单元控制器向信号系统发送"所有滑动门、应急门关闭且锁紧"信号，同时，PSC 面板、PSL 和 IBP 上的"所有滑动门/应急门关闭且锁紧"状态指示灯点亮。关门流程如图 3-14 所示。

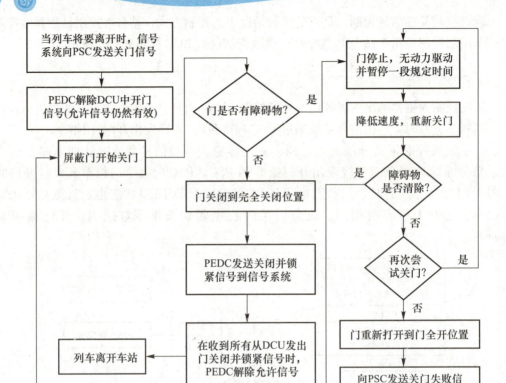

图 3-14 关门流程

（3）在开/关门过程中，屏蔽门都需要进行防夹检测，如果检测到滑动门运动受阻，则认为该滑动门在开/关时遇到了障碍物，于是 PSC 撤销开/关门命令，滑动门停止动作复位并延迟 3 s（时间可调），再重新开/关滑动门。

（4）如果重开/关滑动门 3 次后障碍物仍然存在，滑动门打开并发出声光报警，然后需要站台工作人员进行人工操作，将该滑动门进行隔离，等待维修。

二、站台级控制

1. 就地控制盘（PSL）控制

在系统级控制出现故障时，可进行 PSL 操作。PSL 控制是由列车驾驶员或站务人员在站台 PSL 上对滑动门进行开/关门的控制。如信号系统故障、信号系统与中央控制盘开/关门指令界面故障状态下，列车驾驶员或站务人员可在 PSL 上进行开门、关门操作，实现屏蔽门的 PSL 控制操作。

2. 开门操作

列车驾驶员或站务人员将 PSL 开/关门钥匙开关打到开门位置发出开门指令，滑动门开始打开，中央控制盘面板、就地控制盘和综合后备盘上的所有"ASD/EED 关闭且锁紧"状态指示灯熄灭。滑动门完全打开后，PSC 面板、PSL 和 IBP 上的"ASD/EED 开门"状态指示灯点亮。

3. 关门操作

列车驾驶员或站务人员将PSL开/关门钥匙开关打到关门位置发出关门指令，滑动门开始关闭，当屏蔽门全部关闭且锁紧后，PSC面板、PSL和IBP上的所有"ASD/EED关闭且锁紧"状态指示灯点亮。

4. 门关闭后无法发车

当滑动门全部关闭后，所有"ASD/EED关闭且锁紧"信号丢失或信号系统无法确认屏蔽门是否锁闭而不能发车时，列车驾驶员或站务人员在PSL上对"ASD/EED互锁解除"开关进行互锁解除操作，"ASD/EED互锁解除"状态指示灯点亮。

三、车站级控制（非正常运行模式和紧急运行模式）

车站级控制，也称综合后备盘（IBP）控制，是在车站紧急情况下（如火灾），在车站控制室操作IBP上的钥匙开关打至开门位置，打开上行或下行屏蔽门及全部滑动门。在此模式下，信号系统与PSL对屏蔽门的控制信号被旁路，无法控制屏蔽门运行。

在下列情况下可实行车站级控制操作：

（1）当列车在非运营期间进行系统测试时，可操作设置在车控室内的IBP，实现对整侧屏蔽门的开关控制。

（2）当出现紧急情况时，如列车、区间隧道、站台、站厅等处发生火灾时（紧急运行模式），可操作设置在车控室内的IBP，实现屏蔽门紧急运行模式。得到授权的车站工作人员可用专用钥匙开启车控室内IBP上的操作允许开关，并操作开门/关门按钮，对整侧屏蔽门或边门进行开关控制。

需要注意的是，当发生火灾时，城市轨道交通工作人员应采取的措施有以下几点：

①列车在区间隧道发生火灾时，乘客沿着区间疏散平台向邻近车站疏散，此时列车驾驶员通过行调通知车站站务人员提前打开火灾侧屏蔽门端门，并派工作人员在此引导乘客由车站疏散。

②列车在站台发生火灾时，由驾驶员通过站台端头PSL或通知车站值班人员在车控室IBP上打开所有滑动门，并通过广播引导列车上乘客疏散、站台候车乘客出车站。

③区间隧道发生火灾时，驶向火灾发生点的列车驾驶员通过车载广播系统通知乘客下车，沿远离火灾发生点车站疏散，该车站站务人员打开所在侧屏蔽门端门，配合乘客疏散。

④当站台发生火灾时，车站工作人员可根据火灾工况，通过车控室内的IBP，打开相应屏蔽门边门。屏蔽门边门打开时，被打开的边门顶箱上的状态指示装置发出强声光报警，以防止站台人员掉入轨行区。

⑤当站厅发生火灾时，车站工作人员应广播通知并采用积极措施阻止乘客涌向站台候车，同时，在火灾车站，乘客只上不下，将火灾车站的候车乘客疏散离开火灾事故点。

四、手动级控制（非正常运行模式）

手动级控制，也称手动操作，是站台工作人员或乘客对屏蔽门进行手动操作，包括LCB控制和人工操作。

当单个滑动门故障时，可以通过LCB控制开关，使该门与整个系统脱离；当出现系统控制故障、系统电源故障、整侧滑动门故障以及紧急撤离等情况时，可以人工开启滑动门、应急门与端门。

手动级控制操作有以下几种情况：

（1）当站台上的个别滑动门发生故障无法自动打开时，站台工作人员可在站台侧操作门体上方的就地控制盒开关滑动门。

（2）当个别滑动门发生故障，且使用就地控制盒也无法打开时，站台工作人员根据需要，也可在站台侧用专用钥匙打开滑动门。

（3）站台工作人员还可以根据需要，在站台侧用专用钥匙打开应急门和端头门，但打开应急门时必须确认行车安全。当站台区域没有列车，或列车虽在站台区域但没有完全停稳的情况下，禁止打开应急门。

（4）在轨道侧可用手动方式打开屏蔽门，打开方式有以下几种：

①在轨道侧可用滑动门上的开门推杆打开滑动门（当滑动门发生故障无法开门时）。

②在轨道侧操作应急门上的开门推杆打开应急门（当发生列车停位不准等非正常情况，乘客无法通过滑动门下车时，乘客可在应急门上推动开门推杆，手动打开应急门，向车站疏散）。

③在轨道侧操作端头门上的开门推杆打开端头门（当隧道内发生火灾需要在隧道内停车时，乘客将从车厢疏散到隧道内，乘客可通过设置在端头门上的开门推杆打开端头门，并通过端头门进入站台）。

（5）在维修、保养、检测等情况下，维护人员可以操作LCB对单道滑动门进行作业。

1. 简述系统控制级开门/关门信号的传输过程。
2. 简述采取站台控制的几种情况。
3. 简述什么情况下采取就地控制情况？

任务三 学习屏蔽门监视系统

一、屏蔽门控制与监视系统功能简介

屏蔽门系统中央控制盘监视着每侧屏蔽门单元的相关状态信息，以及包括 PSC、PSL、IBP、屏蔽门电源的信息，屏蔽门故障警报记录，屏蔽门正常系统运行记录等。实现系统内部信息的收发、采集、汇总和分析，并实现与主控系统车站控制室工作站、PSL、DCU 各单元之间的信息交换，同时能够查询逻辑控制单元中各个回路的状态，具有足够存放数据和软件的存储单元，具有运行监视功能及自诊断功能。

每侧站台屏蔽门单元中所有设备的状态信息均通过现场传送到每个车站屏蔽门的监控主机 PLC 上，可以在 PSC 的显示终端上或通过便携式维修工具与监控主机的接口查询到当前车站所有屏蔽门设备的当前状态。PSC 将与运营相关的屏蔽门状态及故障信息通过以太网线或光缆通道发送至车站综合监控系统，实现对屏蔽门相关状态的查询及故障报警，在车站控制室内可以利用屏蔽门系统传送的数据进行运营月报表生成、运营故障记录等。屏蔽门系统可根据车站 ISCS 提供的时钟同步信息进行校对。

各设备监测单元的监测信号通过可靠的硬线与中央控制盘进行连接，每个设备监测单元将为中央控制盘的逻辑输入模块提供其操作状态（逻辑电平信号），由中央控制盘监测屏蔽门系统的基本操作状态。

中央控制盘将与运营相关的屏蔽门状态及故障信息通过网络通道发送至远程监控系统及综合监控系统，进行状态、故障显示。利用维护终端或从中央控制盘上查询到所监视设备的当前状态及报警信息。综合监控系统的车站控制室工作站及屏蔽门中央控制盘均可实现屏蔽门相关状态的查询及故障报警，并进行报表生成、故障记录等。屏蔽门运行的关键状态及故障信息由综合监控系统发送至控制中心。图 3-15 所示为屏蔽门电气与通信系统框图。

屏蔽门系统中央控制盘（PSC）监视的相关内容如下：

（1）能够通过现场总线在线监视所有 DCU、电源设备、控制设备的工作运行状况。

（2）通过设置的控制局域网，可以在中央控制盘及门控单元上进行集中或单独软件下载、参数修改、故障及状态的查询等。

（3）在中央控制盘内可对就地控制盘、电源、控制局域网、电动机以及每个 DCU 的状态进行实时监视。

（4）能够监视各重要控制回路的动作状态，如 PSL、信号系统、IBP 盘、手动操作的开门、关门回路；能够逐条记录并存储和下载信号系统发出的"开门""关门"命令以及向信号系统反馈的"关闭并锁紧""互锁解除"等信息。

（5）能够监视各门单元的重要设备的状态，如电动机、滑动门锁块、行程开关等。

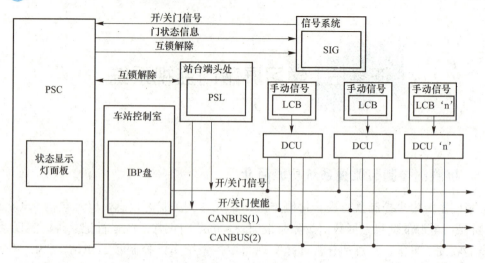

图 3-15 屏蔽门电气与通信系统框图

(6) 每个屏蔽门控制子系统在个别 DCU 故障、从总线断开等状况下仍能正常工作。

(7) 能够对 PSL 上的操作和状态信息进行监视。

二、屏蔽门网络系统

屏蔽门控制系统采用现场总线技术，按照分散化、网络化、智能化发展要求，把 DCU 组作为网络节点挂接在总线上，作为网络节点的各设备，连接为网络集成式的全分布控制系统。现场总线的传输速度、准确性满足地铁运营对屏蔽门的工作要求，能通过网络上的逻辑控制单元、监控主机、DCU 等设备实现对屏蔽门的基本控制、参数修改、报警、显示、监控等功能，具备现场总线系统的开放性、可操作性与互用性、结构的高度分散性及现场环境的适应性。

(1) 网络拓扑结构为总线型。在控制系统中，PEDC 接收来自 SIG、PSL、IBP 等设备发来的开、关门命令，判断控制命令来源的优先级，分组后再集中发送给站台上每个滑动门 DCU，构成控制系统网络。

PEDC 发送给 DCU 的开/关门命令硬线回路分为四组，每组分别对应一节车厢的每个列车车门（一节列车车厢共有四个列车车门）。该四组硬线回路互为独立，任一组命令回路的中断均不影响其他命令回路组中信号的传输。

此外，安全回路网络是从 PEDC 内的安全回路继电器起，以串联的方式连接到站台上的每个 DCU（DCU1、DCU2、…、DCU24），再由 DCU 返回到 PEDC，构成串行连接的安全回路网络。

监视系统中的监控主机 PLC、DCU 通过现场总线构成监视系统网络，现场总线网络系统为先进可靠、开放性和可操作性强的成熟工业网络系统。

(2) 屏蔽门系统与 ISCS 的通信接口采用基于 TCP/IP 协议（支持 IEEE802.3 标准）的 Modbus 标准协议，支持标准的、通用的、开放的软件解码协议，方便与 ISCS 进行数据传输，并满足地铁环境的电磁兼容要求。

（3）现场总线传输网络的系统内任何设备/开关状态的改变、监视系统状态更新速度不大于 300 ms。

（4）屏蔽门系统控制及监视网络框图如图 3-16 所示。

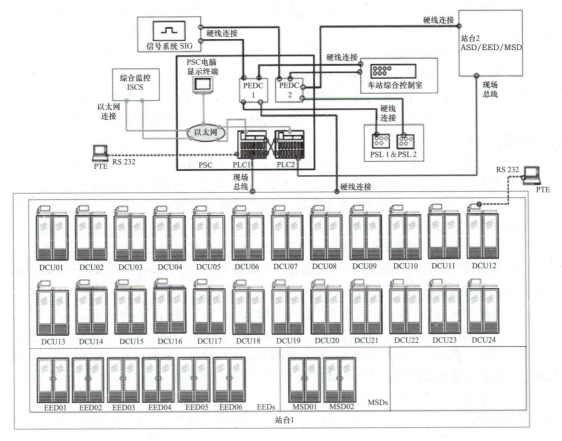

图 3-16　屏蔽门系统控制及监视网络框图

三、监视系统网络

监控主机 PLC 的信息来源为现场总线收集的 DCU 信息；逻辑控制单元通过硬线连接送到 PLC 输入模块的关于 SIG、IBP、PSL、屏蔽门电源系统、MSD 等信息。PLC 将收集到的上述状态数据、故障信息和报警信息等通过基于 TCP/IP 协议的 Modbus 协议的以太网传送到 ISCS 和嵌入在 PSC 柜门内的显示终端上。

1. 现场总线

把 DCU 组作为网络节点挂接在现场总线上，作为网络节点的各设备，连接为网络集成式的全分布控制系统，可实现状态报警信息的传输、参数修改和软件下载。

现场总线网络抗高频电磁干扰、机械振动能力强，信号传输采用短帧结构，传输过程响应快，实时性好，受干扰概率低，纠错能力强，数据出错率极低，节点在错误严重时可自动关闭输出功能，使总线上其他节点的操作不受影响。

通信形式：网络上的所有通信及对话都是由主监控系统发出请求，通过现场总线各个节点进行应答。这些请求包括综合请求、状态请求、门控单元（DCU）应答。

对门控单元（DCU）的参数要求：当操作人员需要通过中央控制盘（PSC）对门控单元（DCU）的参数进行读/修改/写的情况下，"参数请求"将由主监控系统发送到门控单元（DCU）。"参数请求"包括以下三个："读参数"请求，"修改参数"请求和"写参数"请求。相应有 DCU 应答与校核。

2. 标准以太网通信网络

PSC 中的监控主机通过以太网与 ISCS 相连。使用以太网 10/100 M 接口，基于 TCP/IP 协议的 Modbus 协议。将屏蔽门系统状态信息（滑动门、应急门、PEDC 等）通过以太网发送给 ISCS，并由 ISCS 进行显示。ISCS 通过以太网发送时钟同步给 PLC，刷新屏蔽门系统内部时钟。其作用如下：

（1）系统设置有与信号系统间的接口模块，并能准确执行相关命令。通过设置与综合监控系统间的接口，可以将站台设备、设备房设备的状态信息、故障信息等通过互为冗余的以太网线上传至综合监控系统的数据处理设备，并可以与综合监控系统进行其他通信功能，如时钟同步对时。

（2）每个控制子系统原则上以车站为单位与综合监控系统的以太网进行互联。

（3）通过监控主机设置的编程/调试接口，可向每个 DCU 下载软件、参数并可在线和离线调整参数和软件组态，通过现场总线对各 DCU 单元重新编程。

（4）能顺利完成与车站综合监控系统信息传输功能，将屏蔽门的运营状态及有关故障信息发送至综合监控系统。

（5）能够检测屏蔽门供电系统的故障，包括驱动电源故障、控制电源故障，以及主电源故障。电源故障能够监视到驱动电源及控制电源工作状况。

（6）能对控制子系统中各设备状态、电源进行监视。

四、安全回路

本书中所涉及的安全回路是指关闭且锁紧回路，由 PEDC 串联连接一侧屏蔽门中的所有滑动门、应急门的门关闭和门锁紧传感器而形成电路。只有在所有滑动门、应急门关闭且锁紧时，屏蔽门才能系统级控制自动运营，列车的进出站才是安全的，故称安全回路。所有传感器都是采用四线双切的连接方式串联接入安全回路的。图 3-17 所示是典型的安全回路。

五、开关门控制权限

在屏蔽门系统自动运行模式下，由信号系统（SIG）通过 PSC 对 DCU 进行控

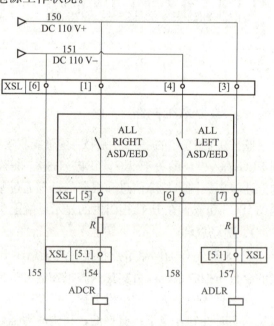

图 3-17　典型的安全回路

制；当 SIG 或 PSC 有故障时，需要通过站台级控制模式，由站台两端的 PSL 对 DCU 进行控制；当发生紧急状况时，需要通过车站级控制模式，由车站 IBP 对 DCU 进行控制；当屏蔽门系统滑动门无法电动运行时，需要手动打开应急门，在极端情况下，也需要手动打开滑动门；当屏蔽门进行检修时，可通过 LCB 控制滑动门。在这些控制开关门的方法中，手动打开应急门、滑动门属机械开门方法，优先于其他电动开门方法。而 LCB 是直接控制 EDU 的操作设备，故在电动开门方法中权限最高。其他三种方法如图 3-18 所示。

在图 3-18 中，IBPE 为 IBP 使能继电器，当其通路开关闭合时，联动开关使得另一路信号断开，由此可以看出 IBP 在该电路中控制权限最高；LOR 是 PSL 使能继电器，当其通路开关闭合时，联动开关使得另一路信号断开，由此可见 PSL 比信号系统的控制权限高。

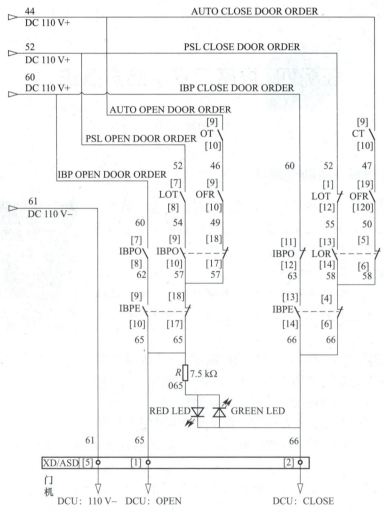

图 3-18　典型 IBP/PSL/信号系统的开门/关门控制命令回路

所以开关门控制权限由低到高为 SIG→PSL→IBP→LCB→手动。

其中，IBPE 为 IBP 使能继电器，IBPO 为 IBP 开门继电器，LOR 为 PSL 使能继电器，LOT 为 PSL 开门继电器，CT 为信号关门继电器，OT 为信号开门继电器，OFR 为开门故障检测继电器。

思考

1. 简述屏蔽门监视系统的功能。
2. 什么是安全回路?
3. 简述开关门控制权限。

任务四 屏蔽门安全防护系统

一、防夹挡板及防踏空装置

为保障行车安全,避免乘客或大件物品有意、无意被夹在屏蔽门与列车车体之间,或乘客上下车过程中意外踩空造成危险,设置屏蔽门防夹挡板和防踏空装置(图3-19)。

1. 防夹挡板

(1) 基本要求:防夹挡板安装在轨道侧滑动门门框,由刚性支撑板、橡胶弹性挡板组成。防夹挡板面向乘客面平整并设置黄色警示带。

图 3-19 防夹挡板和防踏空板

防夹挡板的宽度根据车辆与门体间隙确定,安装后,直线站台,其边缘距离静态车体间隙暂定为 50 mm;曲线站台,根据限界要求适当加宽,高度为 700 mm,厚度暂定为 10 mm。

屏蔽门防夹挡板的刚性支撑板在任何工况下不得侵入车辆限界。

每扇滑动门上防夹挡板的质量不大于 3.5 kg,在满足功能要求的条件下尽量减小质量。同时滑动门门机驱动功率、门机梁的强度及门体安装等应充分考虑该部分的影响。防夹挡板安装完成后,不影响原有屏蔽门系统的所有功能,防夹挡板使用寿命不低于 15 年。

(2) 材料及技术要求:

①刚性支撑板。刚性支撑板采用厚度不小于 3 mm、机械性能不劣于 Q235-A 的优质钢材,并经喷砂、磷化表面处理。

②橡胶弹性挡板。橡胶弹性挡板指标见表 3-2。

表 3-2 橡胶弹性挡板指标

检验项目	单位	性能指标	检测标准
硬度	shoreA 度	65±5	GB/T 531.1—2008
扯断强度	MPa	≥8	GB/T 528—2009
扯断伸长率	%	≥200	GB/T 528—2009
压缩20%永久变形（70 ℃，22 h）	%	≤30	GB/T 3512—2014
燃烧性能	级	Bflslt0	GB 8624—2012
粘结强度	MPa	≥4.0	GB/T 11211—2009
其他要求		低烟、无卤、难燃	

③安装要求。防夹挡板安装前进行现场测量，确定挡板的宽度。安装后，直线站台时，其边缘距离静态车体间隙暂定为 50 mm；曲线站台时，根据限界要求适当加宽，确保挡板垂直于站台平面，与屏蔽门贴合紧密。

2. 防踏空装置

（1）基本要求：防踏空装置安装在滑动门门槛边缘，其由刚性支撑板、橡胶齿梳组成。橡胶齿梳在水平方向上柔软，避免刷蹭时对车体造成损伤；在垂直方向上满足强度要求。

防踏空装置宽度根据门槛边缘与车体间隙确定，安装后其边缘距离静态车体间隙为 50 mm，橡胶齿梳高度为 65 mm，长度为 2 200 mm；防踏空装置的刚性支撑板在任何工况下不侵入车辆限界。

防踏空装置安装后不影响屏蔽门的绝缘要求，其完成面与门槛面平齐。防踏空装置使用寿命不低于 15 年。

（2）安装方案：屏蔽门防踏空装置采用三元乙丙橡胶作为齿梳材料，以镀锌板作为内部支撑件。防踏空装置安装在门槛边缘，不与站台土建结构有接口，不会影响门体绝缘效果，防踏空胶条安装如图 3-20、图 3-21 所示。

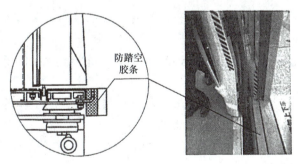

图 3-20 屏蔽门防踏空胶条安装示意图

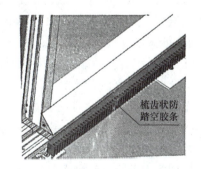

图 3-21 屏蔽门防踏空胶条安装位置及实物图

（3）材料及技术要求：

①刚性支撑板：刚性支撑板采用厚度不小于 5 mm、机械性能不劣于 Q235－A 的优质钢材，整体表面经防锈处理，在城市轨道交通环境条件下，支撑板表面不出现锈迹、气泡、裂纹等缺陷。

②橡胶齿梳：由于橡胶材料具有良好的耐高温、耐低温、耐老化性能，以及耐清洁剂等

化学物质的侵蚀，满足城市轨道交通环境条件，因此选用橡胶作为齿梳材料。

（4）安装要求：防踏空装置安装前进行现场测量，确定防踏空装置的宽度：直线站台，齿梳宽度以橡胶齿梳边缘到车辆间隙不小于 50 mm 为限；曲线站台，齿梳宽度根据限界要求适当调整加宽。

二、屏蔽门限界与安全措施

屏蔽门是安装在站台边上的机电设备，其安装位置需要与轨道车辆配合。由于车辆是运动的，屏蔽门是静止的，为避免两者之间发生碰撞，从结构限界设计上必须留有一定的安全距离；又由于车辆是运动的，所形成的动态包络线使得安全距离需要增大。车辆和屏蔽门两套设备之间必须确保安全距离，却成为乘客的危险空间，并且安全距离越大，乘客乘车的危险性就越高。

屏蔽门系统属于车站轨旁设备，因此该系统的设计与安装，必须严格符合限界要求，否则会引发设备损坏及安全事故。《地铁设计规范》（GB 50157—2013）对屏蔽门系统限界有规范要求：车站设置屏蔽门时，屏蔽门安装尺寸应考虑在弹性变形状态下，屏蔽门最外突出点至车辆限界之间应有不小于 25 mm 的安全间隙。根据《城市轨道交通技术规范》（GB 50490—2009）中的要求：站台屏蔽门不应侵入车辆限界，直线车站时，站台屏蔽门与车体最宽处的间隙不应大于 130 mm。

三、乘客探测器

为确保行车安全，避免有乘客或大件物品被夹在屏蔽门与列车车体之间造成危险，在屏蔽门与列车车体之间设置的一种检测障碍装置，称为乘客探测器。

当列车车门与屏蔽门关闭后，乘客探测器一旦探测在列车车体与屏蔽门之间有乘客或类似物体，将切断安全回路，阻止列车启动；同时，发出声光报警信号。探测结果会影响行车，但不影响车门、屏蔽门的正常开关。

乘客探测器是采用激光或红外线进行检测的。两者相比较，激光的成本较高，误判率低，目前应用较多。

激光障碍检测装置采用 1 类不可见激光光束，对人体无伤害。同时，激光检测光束能量极低，符合电磁兼容性设计要求。

激光检测光束一般设有两组高度：距离站台地面 300 mm，用于检测成年人的小腿部位；距离站台地面 600 mm，用于检测成年人的臀部和儿童的头部。

乘客探测器在车站检测防区设置方式有两种：①直线站台每侧站台设置一个防区；②曲线站台根据曲率大小每侧站台设置两个或多个防区。

在正常情况下，屏蔽门系统合并"所有门关闭且锁紧信号"和"激光检测无障碍物信号"为安全回路信号发送给信号系统，作为发车凭证；如遇激光系统故障，可旁路"激光检测无障碍物信号"，将"所有门关闭且锁紧信号"作为安全回路信号。

类似的设计还有广州地铁自主研发的屏蔽门站台瞭望软灯管。在末端屏蔽门立柱外侧加装黄色软灯管，只要有人被夹在屏蔽门和列车门之间，黄色灯光就会被挡住，列车司机可通过瞭望灯管了解屏蔽门与车门之间的间隙情况，此举有效地防止了屏蔽门夹人事件的再次发生。软灯管的安装已经侵限，软灯管最好能装在缝隙正中间，若太靠近门体安装，则有可能检测不出异常情况。此设计在地下直线站台也是比较有效的方法之一。它的缺点是只适合地下直线站台，曲线站台司机看不到软灯管，高架站和地面站受自然光线的影响，司机看不清软灯管；另外，此安全措施靠司机观察来保证，需要加强对司机的管理。

四、其他安全防护技术

目前，工程技术人员还在不断探索其他的安全防护方法，如采用视频探测结合图像自动识别技术，能够更加准确地判断两门夹人事故。

在城市轨道交通的运行中，若滑动门门体与车体之间的间隙过大，在滑动门和列车门都已关闭锁紧，而个别乘客又被夹在滑动门和列车之间时，将造成严重的安全事故；若屏蔽门踏步板与车体之间的间隙过宽，乘客在上下车时也有可能由于疏忽大意或人多拥挤而造成人身伤害。因此，在客流量大、行车间隔短的城市轨道交通线路，这两种间隙问题必须引起特别重视，在设计上要科学控制间隙的有效范围值，并采取适当的结构设计方案避免重大安全隐患。

当屏蔽门与列车之间发生夹人的情况时，现场不及时采取救援措施，势必会发生重大伤亡事故。

1. 被两门夹住的救援方法

被夹在两门之间，如果乘客被困住时面向屏蔽门，可以拉动滑动门紧急拉手将门打开；如果乘客被困住时面向车门，不便使用拉手，就只能依靠其他乘客的帮助。车上乘客可以按下列车门附近的紧急解锁停车装置，使列车不能马上启动。站台上的乘客可以按下站台紧急按钮，也可大声呼唤车站工作人员阻止列车启动。

当乘客发现有可能被两门夹住时，在这种危急情况下可以主动伸手或用其他较厚的物件挡在正在关闭的两扇车门之间或两扇屏蔽门中间，阻挡门关闭。因为屏蔽门和车门均设计了防夹功能，当夹到 25 mm×30 mm 的物体时，门会自动弹开，而车门或屏蔽门不关闭，则车辆不能启动。

2. 防攀爬斜板及挡板

采用滑动门防攀爬斜板的设计是减少屏蔽门与列车之间间隙过宽的一种处理措施。该斜板作为滑动门门体的辅助部件，在保证不侵入车辆限界的前提下，设置在滑动门底部，并尽量贴近踏步板，斜面的设计基本排除了乘客平稳站立在斜板上表面的可能性，减少乘客在门与车辆之间的缝隙停留的危险。

防攀爬斜板的安装不会侵限，无须额外加装有源设备，是比较有效的方法之一。它的缺点是，可能在拥挤且车门先开的情况下使乘客被挤出车厢，脚滑入站台和车体的缝隙后造成伤害。

在屏蔽门靠近轨道侧的滑动门边上加装挡板，采用高约 60 cm 的橡胶挡板，竖向安装在滑动门的侧边缘，与滑动门成直角。当屏蔽门关闭时，挡板增大了滑动门关闭时两门的接触面积，乘客在关门时被夹到的可能性增大，但减小了被困在危险空间的可能性。挡板的安装虽会侵限，但橡胶不会刮伤车体，也无须额外加装有源设备，是目前比较有效的方法之一。

它的缺点是不太美观，易侵入限界；虽然对上车乘客比较有效，但对拥挤且先开车门乘客被挤出车门时还是不利的，它可能挂住乘客腿部向门体两侧移动，使乘客容易跌倒。

其他类似原理的设计有在滑动门上安装多道横向障碍物，以保证有害空间不会容纳乘客。其缺点是它的安装已经侵入限界，材料必须软硬适度，既不会刮伤车体，也要有一定的硬度阻止乘客占据危险空间；由于数量多，体积较大，质量会增加，滑动门的启动冲击电流增强，功耗增大；它的安装会破坏屏蔽门的整体美观效果。

思 考

1. 你见过的安全防护装置有哪些？
2. 如果发现有屏蔽门夹人事故，你应该怎么做？

课后练习

一、选择题

1. 站台屏蔽门的控制模式有哪几种？（　　）
   A. 系统级控制　　　　　　　　　　B. 站台级控制
   C. 手动级控制　　　　　　　　　　D. 综合后备盘控制

2. 在下面的选项中选出与系统相对应的英文缩写。中央控制盘（　　）、综合后备盘（　　）、就地控制盘（　　）、就地控制盒（　　）、门机控制器（　　）。
   A. DCU　　　　　B. PSL　　　　　C. IBP　　　　　D. PSC
   E. LCB

3. 中央控制盘的功能包括（　　）。
   A. 状态及故障指示功能　　　　　　B. 监视功能
   C. 控制功能　　　　　　　　　　　D. 接口功能

4. PSL 盘面包括哪些指示灯？（　　）。
   A. "ASD/EED 关闭且锁紧"状态指示灯
   B. "ASD 开门"状态指示灯
   C. 互锁解除指示灯
   D. 指示灯测试按钮

5. 就地控制盘钥匙在哪个挡位能够拔出？（　　）
   A. 正常位置　　　B. 关门位置　　　C. 开门位置　　　D. 任意挡位

6. 就地控制盒在系统级控制模式下，应在哪个挡位？（　　）
   A. 自动　　　　　B. 手动关门　　　C. 手动开门　　　D. 隔离

二、判断题

1. 一侧屏蔽门故障会直接影响另一侧的屏蔽门。（ ）
2. 系统级控制是优先级别最高的。（ ）
3. 就地控制盘钥匙只有在正常位置时才能取出。（ ）
4. 就地控制盘是优先级别最高的控制模式。（ ）
5. 在屏蔽门和车门中间夹人的情况下，车站上的乘客应用力将屏蔽门玻璃打碎。（ ）

三、简答题

1. 简述屏蔽门在什么情况下使用哪种控制模式。
2. 简述发生屏蔽门夹人事故时的应急措施。

项目四
站台屏蔽门供电系统及安全防护设施

城市轨道交通屏蔽门系统供电属于一级负荷供电，其使用的供电设备尤其重要。由驱动电源系统、控制电源系统以及各个门机单元内的门单元就地供电单元等组成，其设备质量和供电质量均直接影响整个系统设备的工作状态和运行质量。

项目四 站台屏蔽门供电系统及安全防护设施

学习目标

1. 掌握屏蔽门供电系统组成部分及其功能。
2. 掌握屏蔽门供电的基本要求和技术要求。
3. 掌握屏蔽门驱动电源系统的特点和组成。
4. 掌握屏蔽门控制电源系统的特点和组成。

案例导入

伦敦大停电地铁无伤亡

一场突如其来的停电事故给英国伦敦地铁和英格兰东南部的铁路交通带来了巨大混乱。停电对伦敦发达的地铁网络的影响最为严重,当时正值下班高峰期,每小时有500趟列车在伦敦地下穿梭。停电之后,近2/3的地铁列车停运,大约25万人被困在地铁中,许多地铁站被迫暂时关闭。由于当时没电,伦敦地铁里漆黑一片,工作人员一时无法确定各趟列车到底停在隧道里的什么位置,疏散工作一度遇到困难,但受困的地下黑暗中的25万乘客没有惊慌失措,始终坚持耐心等待,并在救援人员到达后积极地配合进行有序撤离,从而创造了25万人全部安全撤离无一人伤亡的奇迹。正是在乘客的积极配合下,伦敦交通部最终凭借高效的应急系统和出色的危机管理能力,迅速走出停电带来的恐慌。

案例表明:地铁大面积停电是威胁地铁安全运营的一个重要因素。地铁大面积停电是指地铁系统整体或较大范围内电力供应中断,严重影响列车运行及乘客的正常出行。如何在大面积停电时,引导疏散乘客是应急处理的关键。面对自然灾害、恶劣天气,以及地铁大面积停电、恐怖袭击等突发事件,掌握应急处理技能,保证城市轨道的安全运营,是每个地铁员工的责任。

学习屏蔽门供电系统的组成

一、屏蔽门电源系统简介

供电系统在城市轨道交通的各类系统当中,都是一个必不可少的为本系统提供能源的子

61

系统，其设备质量和供电质量均直接影响整个系统设备的工作状态和运行质量。由于城市轨道交通屏蔽门系统供电属于一级负荷供电，其使用的供电设备尤其重要。屏蔽门系统供电设备处于良好状态是城市轨道交通安全运行的基本保障。根据《供配电系统设计规范》（GB 50052—2009），一级负荷中特别重要的负荷供电应符合下列要求：

（1）除应由双重电源供电外，还应增设应急电源，并严禁将其他负荷接入应急供电系统。

（2）设备的供电电源的切换时间，应满足设备允许中断供电的要求。

在《城市轨道交通站台屏蔽门系统技术规范》（CJJ 183—2012）中对电源系统做出明确规定：

（1）屏蔽门系统必须按一级负荷供电，必须设置备用电源。

（2）驱动电源和控制电源的供电回路宜相互独立设置。

（3）驱动电源的后备电源容量应符合完成 30 min 内本站全部滑动门开关 3 次的需要，控制电源的后备电源容量应符合系统满负载持续工作 30 min 的需要。

二、屏蔽门供电系统的组成

屏蔽门系统供电电源由驱动电源不间断电源系统（以下简称驱动 UPS）、控制电源不间断电源系统（以下简称控制 UPS）、驱动配电屏、控制电源配电屏和变压器及各个门机单元内的门单元就地供电单元（LPSU）等组成，如图 4-1 所示。

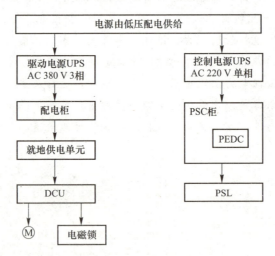

图 4-1 屏蔽门系统供电电源的组成

屏蔽门系统采用由低压配电系统提供的两路独立的三相 380 V、50 Hz 交流电源。其中通过驱动电源 UPS 与驱动电源屏连接，为站台的滑动门提供驱动电源。

驱动电源 UPS 为门机提供门头电源，当外电中断供电时，驱动电源 UPS 能为屏蔽门继续供电 30 min，并在此时间内开关门一定的次数，为车站人员提供应急处理的时间。

控制电源 UPS 为系统控制线路提供电源，当外电中断供电时，能为屏蔽门控制回路提供不少于 30 min 的后续能量，为车站人员提供应急处理的时间。控制电源 UPS 通常接一路单相 30 V（AC）、50 Hz 的电源，再与站台屏蔽门中央接口盘内的控制电源变压器连接，控制电源 UPS 能够为控制设备提供持续工作 30 min 所需要的后备能量。

屏蔽门控制及驱动电源 UPS 一般为在线式，即 UPS 在市电进线电源正常时，经 UPS 整流后逆变输出电源参数较好的稳压电源，同时在检测到电池电压低于设定值时自动进入充电状态，为电池充电。在市电进线电源断电时，UPS 自动转入为电池供电，电池直流电经逆变器转换为交流电。屏蔽门控制及驱动 UPS 电源具有静态旁路功能、维修旁路功能，以适应故障处理需要。

UPS 可以设置运行信号和故障信号，将这两种信号输入至屏蔽门控制系统后进行实时监视、报警，并由屏蔽门系统传送至车站机电设备监控系统（EMCS）或主控系统（MCS）。

在轨道交通车站中常单独建设有屏蔽门设备室。设备室内设置由驱动电源柜（DPS）、配电柜（PDP）、电池柜（BAT）和控制电源柜（CPS）组成的屏蔽门电源设备柜，如图 4-2 所示。其中，驱动电源柜中设置驱动电源 UPS 主机、整流模块、监控模块；电池柜放置所有驱动电源电池组；配电柜设置隔离变压器、驱动电源交流配电设备；控制电源柜里设置控制电源 UPS 主机、整流模块、监控模块、电池及配电设备。

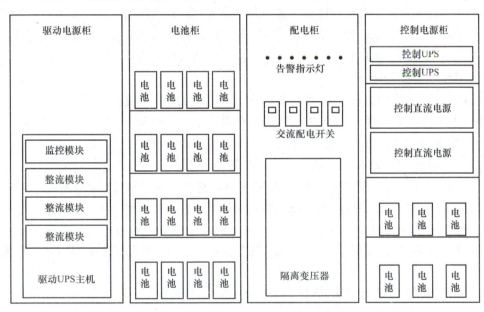

图 4-2　屏蔽门电源设备柜

在屏蔽门电源系统基本上都采用模块化功能部件，具有良好的扩容性，可实现完善的 N+1 备份、在线式热插拔及在线维修等功能。

在城市轨道交通供电系统中，由于轨道是供电线路的回流部分（回流轨），其供电系统一般需要采用隔离变压器，以便轨道与车站的地线完全隔离，在屏蔽门电源系统中也不例外。

屏蔽门供电系统的保护措施包括屏蔽门系统采用 TN-S 接地方式，将中性导体（工作零线）和保护导体（保护地线 PE）在系统中分开，即安装在屏蔽门门体上的设备金属外壳及金属保护管与门体相连，工作零线悬浮。安装在屏蔽门门体上的设备外壳及金属保护管与门体等电位,屏蔽门的门体与轨道之间采用一点连接,即要求门体与轨道保持等电位,每侧屏蔽门各单元及各个单元之间用硬铜母线(俗称铜排)进行连接,要求单侧站台屏蔽门整体电阻值不大于 0.4 Ω。屏蔽门门体与站台结构绝缘,要求绝缘电阻不小于 0.5 MΩ。

三、电源系统工作过程

车站低压配电系统输出两路三相交流电(一路主供电,一路备用供电)到屏蔽门电源系统。电源系统通过电源自动切换装置,将两路三相交流电输入切换成一路交流电。切换后的交流电将经隔离变压器电气隔离后分配给屏蔽门电源系统给 AC/DC、UPS 装置。

输入的 380 V 交流电通过配电单元分配到 UPS、AC/DC 等交流不间断电源。其中,驱动电源经输入隔离变压器电气隔离后经整流模块整流成 110 V 直流电给屏蔽门驱动电,控制电源 UPS 输出分为两部分:一部分直接给 PSC 设备提供 220 V 交流电;另一部分经过 AC/DC 整流模块整流成 24 V 直流电后给屏蔽门控制设备供电,如图 4-3 所示。

屏蔽门电源系统在交流输入异常或整流器故障时,蓄电池将经 UPS 逆变单元逆变后提供稳定的不间断的交流电给负载供电,从而实现对负载的零间断供电。

同时,绝缘监测单元可在线监测直流母线和各支路的对地绝缘状况。集中监控单元可实现对交流配电单元、充电模块、交直流馈电、绝缘监测单元、直流母线和蓄电池组等运行参数的采集与各单元的控制和管理,并可通过远程接口接收后台操作的监控。

电源系统主要配置如下:

站台屏蔽门系统电源分为驱动电源和控制电源两部分。驱动电源负责对门机系统(DC110 V)供电,采用直流供电方式,具备充电、馈电、故障保护(过压、并联、过流、过载等)、电源参数和报警信息监测及记录功能。控制电源主要负责对 DCU、PSC、PSL、IBP 和接口等的供电(AC220 V/DC24 V),如图 4-3 所示。

(1) 驱动电源系统容量一般为 30~60 kV·A,主要为城市轨道交通车站屏蔽门的驱动电机供电。其功率的大小主要取决于城市轨道交通车站滑动门个数。

(2) 控制电源系统容量一般较小,只有几百到几千伏安。屏蔽门控制系统采用直流供电,电压等级有 24 V、48 V、110 V 等。控制电源系统一般采用冗余供电方式,来保证其供电可靠性。

(3) 屏蔽门系统还需配有 UPS 作为备用电源。正常情况下,由交流配电箱供电。当事故停电时,由 UPS 对屏蔽门系统供电。

四、屏蔽门电源系统技术要求

(1) 屏蔽门系统属于一级负荷标准,即供电系统向屏蔽门系统提供两路独立的三相 380 V 交流电源,电源须经隔离变压器隔离后送至各对滑动门。

(2) 两侧站台的车站电源容量为 30 kW 以上,功率因素≥0.8。

(3) 屏蔽门系统采用 UPS 供电方式供电。

(4) 供电电源主要由双电源切换装置、蓄电池、驱动 UPS、控制 UPS、隔离变压器、配电单元等组成。

项目四 站台屏蔽门供电系统及安全防护设施

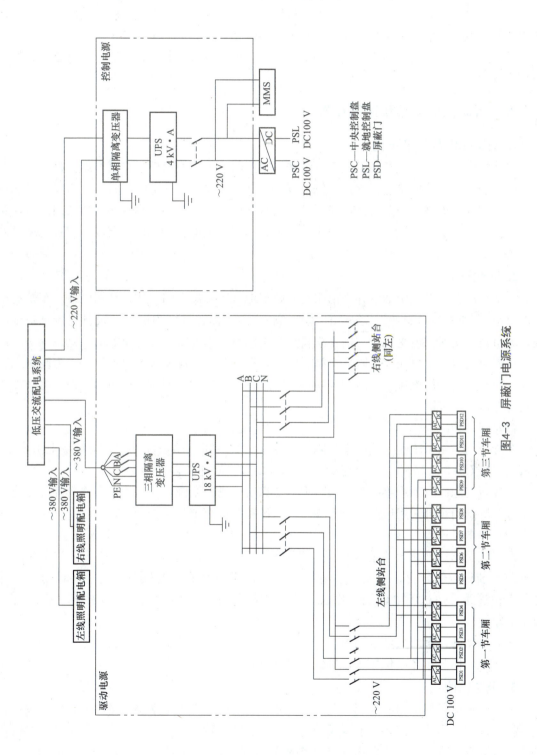

图4-3 屏蔽门电源系统

(5) 双电源切换装置设置在屏蔽门控制室内，可对主备两路电源自动切换，正常状态时由主电源供电，当主电源断电、相电压过压、欠压或缺相时，经设定的时延后自动切换到备用电源供电。当主电源恢复正常后，经设定的时延后自动返回主电源供电。

(6) 当主备两路电源出现断电、相电压过压、欠压或缺相时，控制器发出报警声，提示及时修复。

五、屏蔽门电源系统附属设置

1. 交叉配电及灯带照明

屏蔽门供电系统还经常包括配电系统和灯带照明系统。城市轨道交通车站会将对应每节车厢的四道滑动门分四路进行交叉配电，以保证其中一路电源故障时，其他三道滑动门能可靠供电。另外为提高车站美观性，显现各类指示标识，地下车站全高封闭式屏蔽门门体顶箱上设置照明灯带。灯带照明属二级负荷，其电源由交流电源直接提供，与屏蔽门系统用电分开配备。

2. 地线隔离

在站台屏蔽门系统中通常存在两个地：轨道地（车站站台门门体）和弱电地（车站提供的弱电地）。通常站台屏蔽门设备、门体连接轨道地；而控制室内屏蔽门设备连接车站弱电地；城市轨道交通供电系统中，由于铁轨是导电回路，因此城市轨道交通的供电系统一般需要采用隔离变压器，以便完全隔离车站弱电地，在屏蔽门电源系统中也不例外。为确保乘客安全，由于存在杂散电流，屏蔽门与站台需要进行绝缘处理，同时，屏蔽门与列车之间需要进行等电位差处理。

(1) 门体绝缘。

①屏蔽门与站台土建结构的电气隔离，在正常大气压试验条件下，系统绝缘电阻要求：在额定电压 $U=500$ V 时，绝缘值 $\geqslant 0.5$ MΩ（用 500 V 兆欧表测量）。

②屏蔽门底部应采用绝缘材料，将下部支撑组件进行绝缘，使门槛的金属部件与土建结构绝缘。屏蔽门顶部采用绝缘套，实现屏蔽门设备与顶部土建结构绝缘。

(2) 等电位连接。

①屏蔽门与列车之间存在电位差。为确保乘客和工作人员的安全，屏蔽门与车辆之间设计及安装等电位装置，采用铜芯电缆与钢轨相互连接消除电位差。整个屏蔽门门体保持等电位连接；通过等电位铜排以及等电位导线将屏蔽门的各金属部件相连，满足等电位的要求。

②在车站站台有限长度范围内，采用一点均布的方式通过铜芯电缆将等电位铜排与钢轨相连，保证门体与车体电位相等，确保人身安全。

3. 电源监控

城市轨道交通屏蔽门的控制与监视系统须将包括电源在内的众多设备的工作状态及告警信息接入进来。因此，需要对电源系统的各个子系统进行监控。监控方式一般采用工业常用的 Modbus 通信协议，通信方式为 RS485 或 RS422。

六、屏蔽门电源方案

屏蔽门电源方案有多种选择。屏蔽门系统驱动电动机均为直流电动机，主要有 DC48 V、DC110 V 两种。其驱动电源部分的供电方式主要有两种：直流供电方式（在屏蔽门电源设备室进行集中整流再分配到各门机的用电）或交流供电方式（在每个门单元处进行分散整流），如图 4-4 所示。除项目明确要求外，方案主要取决于各屏蔽门系统供货商的技术优势。在国内外主要的几家屏蔽门系统供应商中，美国西屋（Westinghouse）公司习惯采用交流供电方式，而法国法维莱（Faiveley）公司、瑞士卡巴（KABA）公司和广州新科佳都（PCI）科技有限公司则多采用直流供电方式。

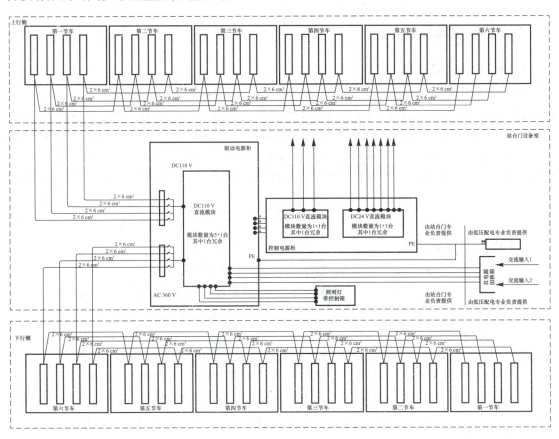

图 4-4 屏蔽门供电方式

城市轨道交通屏蔽门电源系统后备电源一般可选择交流在线式 UPS 和直流 UPS 两种设计方案。两种方案比较如下：

（1）单点故障。交流方案采用单台 UPS 供电存在 3 个单点故障点，即电池、电池升压和逆变。直流方案只存在电池 1 个单点故障点。电池单点故障点通过双组电池备用可以消除。交流方案要消除单点故障，需要 UPS1+1 备份。

（2）功率变换。由于驱动供电的特殊性（峰值功率要求高），交流方案在正常情况下需要经过二级功率变换提供驱动供电，即 AC/AC（UPS）和 AC/DC 变换；直流方案只需要

AC/DC 一级功率变换。综合评估，交流方案所需要的变换功率为直流系统的 1.7 倍以上，而变换功率的大小与成本密切相关；因此，直流方案的投资较小。

（3）电池备用的可靠性。交流方案电池后备供电需要经过电池升压、逆变和 AC/DC 模块对外供电，经过的电源变换环节多。直流方案电池直接对 DC110 V 供电，无变换环节。因此，直流方案电池后备更可靠。

（4）直流方案模块化技术成熟，采用全模块化结构，模块可带电插拔，维护方便，不需要专业技术人员现场服务，维护成本低。备件为标准模块，整条线路备件通用，备件成本低。

目前，屏蔽门系统建设更多设计趋向于 DC110 V、直流 UPS 方案。

七、UPS 电源设备

1. UPS 电源设备功能

UPS，即不间断电源，是将蓄电池（多为铅酸免维护蓄电池）与主机相连接，通过主机逆变器等模块电路将直流电转换成市电的系统设备，主要用于给电力、电子设备提供稳定、不间断的电力供应。当市电输入正常时，UPS 将市电稳压后供应给负载使用，此时的 UPS 就是一台交流式电稳压器，同时它还向机内电池充电；当市电中断（事故停电）时，UPS 立即将电池的直流电能，通过逆变器切换转换的方法向负载继续供应 220 V 交流电或特定直流电，使负载维持正常工作并保护负载软、硬件不受损坏。UPS 设备通常对电压过高或电压过低都能提供保护。

2. UPS 电源设备组成

UPS 主要由逆变器、蓄电池、整流器/充电器和转换开关等组成。

（1）逆变器主要由晶体管、变压器和控制回路等组成，其作用是变直流为交流输出，它是 UPS 的核心部分。UPS 的技术性能、质量主要取决于逆变器。

（2）蓄电池是 UPS 的储能装置。UPS 中的蓄电池应具有良好的大电流放电特性，能经得住反复地充放电，寿命要长。目前，UPS 常用的是免维护密封式铅酸蓄电池。

（3）整流器/充电器是把市电变成直流电，为逆变器和蓄电池提供电能的装置。

（4）转换开关（静态开关）的作用是通过瞬时的高速检测回路，当市电有干扰或出现大的浪涌时，把 UPS 迅速转到旁路输出，以保护 UPS；它的另一作用是提供维修通道。对转换开关要求切换时间快、过载能力大。

3. AC/DC 模块配置

交流电通过 AC/DC 模块提供控制系统用 DC24 V 和 DC110 V，模块采用 1+1 备份；交流电通过 AC/DC 模块提供驱动系统用 DC110 V，模块采用 N+1 备份，驱动系统用 AC/DC 模块要满足开关门时最大冲击功率要求。

4. UPS 电源技术要求

（1）蓄电池技术要求。蓄电池的折合浮充寿命在 25 ℃达 10 年，电池的质保期不少于 3 年。城市轨道交通供电系统对蓄电池的要求非常特殊，一般采用胶体电池或比较耐高温且寿命长的电池。对电池的延时要求一般为 1 h 左右。由于负载为屏蔽门，故其具体延时要求一一般为半小时内屏蔽门能够开关门 3 次或 1 h 内屏蔽门开关门 5 次。

（2）UPS 电源电气性能要求。

①为了保证 UPS 电源的长期稳定和可靠地运行，UPS 采用成熟的数字控制方式；

②电源设备的输入电压为 380 V，输入电压可调范围为±15%；

③输入频率为 50 Hz×（1±10%）；

④输入功率因数应不小于 0.9，输入谐波电流失真度不大于 7%；

⑤输出为三相（380 V）交流电源，输出电压稳压精度为±1%；

⑥瞬态输出电压变化范围为±2%；当负载从 0 到 100% 突变时，20 ms 以内输出电压恢复到±1%；

⑦输出频率为（50±0.25）Hz（电池逆变工作）；

⑧配置输出隔离变压器；

⑨输出波形失真度≤3%；

⑩电源设备的效率≥90%；

⑪输出功率因数≥0.8；

⑫电流峰值系数≥3；

⑬过载能力：105% 长期，125% 维持 10 min 以上，150% 维持 1 min 以上；

⑭允许三相负载 100% 不平衡；

⑮采用 IGBT 功率器件；

⑯UPS 配置手动维修旁路，可实现现场不断电维修；

⑰电源输出满足输出分路的需要，供电电源中断后，电源设备能为车站屏蔽门系统提供开关整列屏蔽门 5 次的电源供应；

⑱UPS 电源设备具有对电池组在线检测功能，能够实时检测电池容量及电池的相关技术指标；

⑲UPS 电源设备应具有抗雷击浪涌能力，能承受模拟雷击电压波形 10/700 μs、幅值为 5 kV 的冲击 5 次，模拟雷击电压波形 8/20 Hz、幅值为 20 kV 的冲击 5 次，每次冲击间隔为 1 min，设备仍能正常工作。

（3）UPS 电源保护功能。

①UPS 电源设备具有输出短路保护功能，在输出负载短路时，立即自动关闭输出，同时发出声光报警信号；

②UPS 电源设备应具有输出过载保护功能，在输出负载超过额定负载时，发出声光报警；超出过载能力时，转为旁路供电；

③在 UPS 电源设备处于逆变工作方式时，电池电压降至保护点时发出声光报警，停止供电。

（4）UPS 电源监控。屏蔽门 UPS 在车站与综合监控系统直接互联（不经过屏蔽门控制系统），屏蔽门 UPS 监控信息传送给综合监控系统，并经综合监控系统传送至综合维修中心。屏蔽门 UPS 向综合监控系统提供所有状态、故障等信息。

思考

1. 简述屏蔽门电源系统的特点。
2. 简述屏蔽门电源系统的组成。
3. 简述 UPS 电源系统的特点。

任务二 驱动电源系统

驱动电源系统主要为城市轨道交通车站屏蔽门系统的滑动门开/关门操作提供动力来源，即为其驱动电动机提供电源。同时，驱动电源系统在供电系统失去交流供电时，利用蓄电池组为滑动门提供临时电源。其功率一般为 40～60 kV·A，功率的大小主要取决于每个轨道交通车站站台某一侧滑动门个数。

屏蔽门电机要求启动快、动作迅速，所有屏蔽门均采用直流电动机。驱动电源需要满足直流电动机启动的冲击特性，UPS 功率要满足开关门时最大冲击功率需求。在屏蔽门正常动作时，驱动电源系统提供功率 3～5 kW，启动瞬间达到 8～40 kW；单台标称电动机功率为 80～150 W。其特点如下：

（1）驱动电源系统整流模块具有在线式热插拔及在线维修功能，并具备 N+1 冗余备份功能。

（2）驱动电源充电模块与驱动模块单独设置，驱动模块为屏蔽门提供驱动电源，充电模块为蓄电池充电。

（3）过载能力强。针对屏蔽门这种冲击性负载特性，直流供电系统采用整流模块，可以在 4 s 内承受 2.5 倍的负载。

（4）维护方便。

（5）可靠性高。

（6）整机效率高，整机效率不低于 90%。

（7）输出电源对地绝缘值高。

（8）驱动电源设有输出过压、过流保护装置。

（9）每侧站台设置四路供电回路，保证对应一节车厢的其中一个回路电源故障时，其余 3 个门能够正常工作。

（10）监控模块能对驱动电源内重要的状态、故障信息进行数据收集、显示、报警处理和历史数据管理等。

(11) 每个门单元的屏蔽门顶箱内配置一个宽电压输入的就地配电单元。

驱动电源直流供电方式如图 4-5 所示。

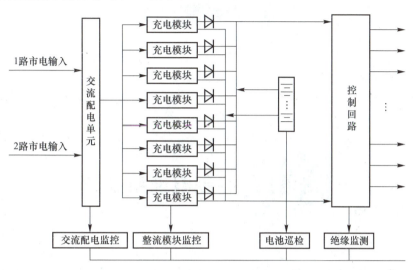

图 4-5 驱动电源直流供电方式

屏蔽门门机系统的额定电压为直流 48 V，采用集中整流后的直流供电方式，并采用蓄电池作为驱动电源的后备电源。驱动电源系统具有过载、过压、过热保护、稳压、限流及蓄电池智能管理功能。

其中，整流器主要由输入整流滤波电路、缓启动电路、PFC 有源功率因数校正电路、PWM 高频开关 AC—DC 变换电路、检测控制和状态检测、智能通信接口、输出整流滤波电路等部分组成。

单个模块输出额定电压为 48 VDC，额定电流为 50 A，最大功率为 2 880 W，效率大于 90%，稳压精度不超过直流输出电压整定值的 ±0.2%，可闻噪声不大于 55 dB。

此外，8 节 12 V、100 A·h 的铅酸免维护蓄电池为驱动电源提供后备电源。在 PSD 系统正常运行强度下（每 2 min 完成 1 次开关门循环），驱动电源蓄电池容量足以满足整个车站两侧站台 48 道滑动门运转 1 h 的电力供应。

驱动电源的主要技术要求如下：

动态响应：瞬变范围≤±3%；输入输出对地绝缘电阻：≥5 MΩ，转换效率：≥90%。绝缘强度：输入对地、输出对地、输入对输出施加 AC2 kV，时间 1 min 无飞弧、无闪络；环境温度：0 ℃~30 ℃；可闻噪声：≤55 dB。

监控模块可对系统母线电压、负载总电流、输入电网电压及直流各馈线回路的通断状态、电池组熔断器通断状态等进行检测，对充电模块开启、关停及充电模块均/浮充转换进行控制，对充电模块输出电流实行限流控制，对充电模块输出电压进行调节控制。

绝缘监测模块用于实现母线及各支路正负极对地绝缘状况的监测，能直接监视正负极对地电压，当电压过高、过低或绝缘电阻过低时发出报警信号，且报警值可整定。

思 考

1. 简述驱动电源的特点。
2. 简述驱动电源的参数要求。

任务三 控制电源系统

控制电源系统为屏蔽门系统的控制与监视系统主机、接口继电器等提供电源,故其电源的重要性和稳定性要求较高。同时,控制电源系统在供电系统失去交流供电时,利用蓄电池组为屏蔽门系统操作提供临时电源。

控制电源主要由控制电源配电盘、DC/DC 降压模块(48 VDC 输入,24 VDC 输出)、绝缘监测模块等组成。控制电源由 DC/DC 降压模块供电,并与驱动电源共用一组蓄电池作为后备电源,主要为 PSC、PSL、IBP、整合屏指示灯、逻辑监控模块等设备供电。

屏蔽门各品牌厂家设计的控制电源的供配电原理与部件基本相似。方案主要为 UPS 输出 220 V、50 Hz 的纯净正弦交流电,经 24 V 整流模块整流后输出 DC24 V 控制电源为 PSC 柜内的继电器、监控主机等设备供电;UPS 输出另一路 AC220 V 电源直接给 PSC 柜,在 PSC 柜内经过变压、整流和滤波后输出 DC60 V 供给信号专业接口的电气回路(即与信号系统接口继电器)使用。在信号回路中,可通过调节滑动变阻器的阻值,使得当触点闭合时,继电器线圈上的电压在允许范围内。

由于 UPS 的特点是无论市电输入是否存在波动,输出总为稳定的 AC220 V 电源,从而可保证与信号接口回路的 DC60 V/DC24 V 电源的稳定性,因此在屏蔽门系统控制电源供电回路中一般都采用 UPS。

监控模块能监视电源装置的输入、输出电压和输入、输出电流,并能监视电源装置正常运行状态和故障状态。

控制电源采用 DC/DC 降压模块作为控制用电源,该方案的控制电源容量能够满足屏蔽门系统的运营要求。

其中,单个降压模块的容量不小于 500 W3 个模块并联连接,单个模块的故障不会影响另一个模块的正常运行,这充分考虑了设备的可靠性。降压模块的输入也是驱动电源 48 V 整流模块的输出,48 V 整流模块的配置也考虑用电裕量,即 12 个 48 V、50 A 容量的整流模块完全可以满足驱动和控制电源的总用电容量需求。

同时,由于设置一定容量的蓄电池,可保证在市电停电后的一段时间内监视主机仍可持续工作一段时间,从而完成内部数据的处理和存储工作,满足运营的需要。控制电源一般采用冗余的供电方式,以保证其供电可靠性。

电源系统主要部件能实现在线维修功能,主机设备个别部件的故障不能引起整台设备的故障。

一、控制电源系统组件

控制电源系统包括隔离变压器、UPS、蓄电池组、高频开关电源装置、输出馈电单元、监控模块,原理图如图 4-6 所示。馈线部分由两部分组成:AC220 V 馈出和 DC24 V 馈出。

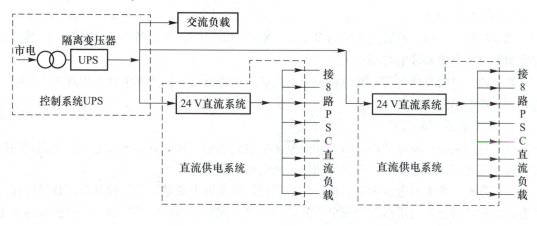

图 4-6 控制电源系统图

二、控制电源系统工作原理

控制电源是将双路电源切换后的输出交流电源经过隔离变压器作电气隔离,再经 UPS 把 AC 转 DC 再转成高质量的 AC 后输出。控制电源输出分为两部分:一部分直接给 PSC 设备提供 220 V 交流电源,另一部分经过 AC/DC 整流模块整流成 24 V 直流电后给屏蔽门控制设备供电。正常工作时,UPS 是在线式状态。蓄电池组直接连接于 UPS 直流母线上,控制 UPS 电源在交流输入异常或整流器故障时,蓄电池提供经 UPS 逆变单元逆变后稳定的不间断的交流电给负载供电,从而实现对负载的零间断供电。其供电路径如下:

(1) AC220 V 交流电源输入→隔离变压器电气隔离及 C/D 级防雷装置保护→UPS;
(2) UPS→AC/DC 高频开关电源整流→24 V 直流馈线输出;
(3) UPS→220 V 交流馈线输出。

三、蓄电池

整个电源系统使用一组蓄电池,接入整流部分后的负载端,作为驱动和控制电源的后备电源,满足对于屏蔽门后备电源的时间要求,且整套电源系统各部分单元均为冗余配置,运行可靠。在满足系统供电要求的情况下，简化系统配置，减少故障点，提高系统可靠性，并减轻维护工作量。

此外，8 节 12 V、100 A·h 的铅酸免维护蓄电池为驱动电源以及控制电源 DC/DC 降压模块提供后备电源。充分考虑门机等驱动设备和 PSC 柜等控制设备的用电量，在 PSD 系统正常运行强度下（每 2 min 完成 1 次开关门循环），后备电源足以满足整个 PSD 系统 1 h 的驱动和控制电力供应。

1. 蓄电池终止电压

蓄电池终止电压，是指蓄电池放电时，电压下降到电池不宜再继续放电的最低工作电压值。放电的具体条件不同，电池的终止电压也不同，根据目前设备运行环境，通常规定单体为 12 V 的电池，终止电压为 10.8 V。

2. 蓄电池容量

蓄电池容量，标志着储能电量的多少，一般用"安时"标示，符号为"A·h"。其容量与电池的放电电流和放电时间有关。

蓄电池容量的具体含义：蓄电池在充满的状态下进行放电，放到电池电压到达终止电压的一刻，所放出来的电量。

3. 蓄电池的充电模式

（1）均衡充电（简称"均充"）。均充是蓄电池充电的一种，其模式以定电流和定时间的方式对电池充电，充电较快。与浮充相比，充电电压要大。

（2）浮充。浮充蓄电池内部存在一定的损耗，有自放电现象，为了使其能经常保持在充满电状态而不致过充电所采取的充电方式。该充电方式在蓄电池电量充满后，仍然保持小电流充电。浮充电压略高于蓄电池组的端电压。

4. 蓄电池在电源系统中应用

蓄电池与不间断电源组成不间断供电系统，当市电停电时，它们作为后备能源为交流负载不间断供电。

1. 简述控制电源的特点。
2. 简述控制电源的参数要求。
3. 简述蓄电池的特征。

项目四　站台屏蔽门供电系统及安全防护设施

任务四　站台屏蔽门的安全防护装置

一、绝缘地板

1. 绝缘地板敷设范围

绝缘地板敷设范围为距离屏蔽门门槛边线宽 0.9 m、长 114.08 m 的区域，以及整个端门中心线两边各 1.5 m 宽的区域，所敷设的绝缘地板可作为站台装修完成面，其装修效果在色泽、花纹上与地面的其他部分相接近、协调。为便于检修及验收，施工过程中及施工完毕后对整个站台进行分段绝缘效果测试。绝缘地板敷设内容包括绝缘地板与屏蔽门门槛间 10 mm 缝隙内支撑件及密封胶，绝缘地板与站台板上其他形式地面间的约 10 mm 宽、20 mm 厚的不锈钢收口条，站台绝缘地板与门槛的接口，绝缘地板与墙壁的接口，绝缘地板与非绝缘区的接口等。

2. 绝缘地板敷设技术要求

绝缘地板敷设平整、无褶皱，整个站台的绝缘地板色差控制在 ±5% 以内，站台板绝缘地板能承载 650 kg/m² 的压力而不破坏。

站台板铺设绝缘材料后（工程完工后），实测绝缘电阻 ≥0.5 MΩ（500 V 兆欧表）。绝缘地板在其寿命期限内绝缘性能不降低，使用寿命不低于 15 年。

站台层工作环境温度 (28±3)℃，相对湿度 (75±15)%。

绝缘地板施工环境温度 0 ℃～45 ℃，相对湿度 80%～100%。

绝缘材料可采用块材进行敷设，块材宽为 900 mm，与墙面、屏蔽门门槛等边缘结合处的块材须特殊处理。块材间隙用相关绝缘材料或绝缘焊剂进行填充。块材设计中应考虑两块绝缘材料间隙，应与城市轨道交通车站内其他地面装修的规格相匹配。

绝缘地板、其他辅材与基础的粘结强度不小于 1 MPa，日常清洁后，地板不发生卷曲、脱胶等。

绝缘地板采用单层敷设在站台上，作为站台装修完成面展示给乘客。除能满足机械、电气、防火性能要求外，还应具有装饰性功能。其主要表现如下：

（1）采用材料能够制作盲人导向带，满足盲人导向带的功能。

（2）具有与车站站台板上的孔洞、椅子相配合的方案。

（3）能够在绝缘地板上做出乘客导向的标识（如箭头等），标识醒目，与其他绝缘地板用颜色相区别。

（4）绕缘地板的颜色、花纹与本车站内所采用的地面装修协调一致。

绝缘地板厚度不小于 3.5 mm，绝缘地板可以作为站台装修完成面。站台绝缘地板为一层敷设，两块绝缘材料的接缝处可以达到无缝连接，如车站站台装修需要留缝，则地板间隙用绝缘密封剂进行填充。

绝缘地板的负荷要求：每个城市轨道交通站台客流按 50 000 人次进行设计。

每侧车站站台上均有 2‰ 的坡度，敷设完成后绝缘地板表面也能维持现有的 2‰ 的坡度。

绝缘地板敷设过程中，根据城市轨道交通实际情况做防水处理，以避免地下水破坏绝缘地板。

绝缘地板所采用的材料无气味，易清洗，防滑，不含 PVC、卤素、铅、苯、甲苯等有害物质。

站台装修完成面所敷设的绝缘地板性能指标如下：

（1）机械性能指标：

①绝缘材料厚度≥3.5 mm。

②尺寸稳定性：寿命期内变化不大于 0.2%。

③抗压强度 55 N/mm^2。

④材料硬度：≥75（邵尔硬度计）。

⑤吸水率≤0.3%。

⑥抗刺穿力≥490 N。

⑦抗拉强度≥9 MPa。

⑧摩擦系数≥0.85。

⑨延伸率≥200%。

⑩非弹性变形：75 kg 的负载下工作不能有非弹性变形。

⑪耐磨性：磨耗量不超过 0.002 g/cm^2。

（2）化学性能：

①绝缘材料不低于 Bfl 级、无卤材料。

②香烟烧灼反应：不因与燃烧的香烟接触而产生损坏（发出异味、材料被烧坏等）。

（3）电气性能：

①绝缘性能：材料本身的绝缘性能（表面电阻）不低于 10^9 Ω。

②敷设最大范围为距离屏蔽门门槛边线 0.9 m 宽、114.08 m 长的区域，以及整个端门中心线两边各 1.5 m 宽的区域。工程施工完毕后，其对地绝缘值不小于 0.5 MΩ（用 500 V 兆欧表在冷态下测量）。

③静电：在乘客经常行走过程中，材料表面与皮、塑料、橡胶、丝织品的相互摩擦不引起静电。

（4）密封胶（连接缝填充物）：密封胶用于填充两块绝缘地板间隙，间隙值与车站地面装修间隙相匹配，密封胶表面与绝缘地板表面在同一水平面上。密封胶颜色与绝缘地板协调一致，密封胶的填充不会影响绝缘地板的整体敷设效果。密封胶为阻燃、低烟、无卤材料。密封胶与地板基础的粘结强度不小于绝缘地板与基础的粘结强度。须利用密封胶将绝缘地板与屏蔽门门槛间的间隙进行密封。

（5）底涂及胶粘剂：底涂采用环氧底涂等高绝缘性、渗透力强、成膜快、可防水的底涂材料。为了保证防水效果，应做两遍涂布，以确保防潮效果；自流平层适应城市轨道交通高客流的环境，有优良的流动性（流动速率不低于 130 mm）、精确自动找平，与胶水、水泥砂浆结合紧密，提高基层密实度和硬度，拉伸粘结强度不低于 1 MPa，24 h 抗压强度不小于 6 MPa，28 d 抗压强度不低于 35 MPa（C35 级）；胶粘剂用于绝缘地板和基础的粘结，具有良好填补性，无溶剂，挥发性极低，干固速度快，粘结强度高，能提高绝缘地板与基础的粘结力，其胶接强度（ER 型）不低于 1 MPa。

（6）与其他地面、墙面、屏蔽门门槛接口的材料：材料主要功能是将周边建筑物与屏蔽门绝缘地板隔离开并起装饰作用。

绝缘地板与屏蔽门门槛的接口材料为绝缘材料，以便于绝缘材料及屏蔽门系统的调试检测、验收。接口材料阻燃、无毒、施工、维修方便。

绝缘地板与墙面、其他地面的接口方式应与墙面装饰、地面装饰相协调，以使整个站台地板的装饰效果协调一致。

二、瞭望软灯带

为避免乘客被夹在滑动门与列车车体之间，特别是防止因乘客在滑动门与列车车厢门即将关闭时强行挤上车而造成的安全事故的发生，在地下车站直线站台屏蔽门站台一端端门（列车在站台停车后，车尾端）处设置瞭望软灯带，作为司机观察屏蔽门与列车间隙中是否存在异物的辅助措施。在列车要启动之前，司机从车头往车尾方向（软灯处）观看，如果司机能看见软灯无障碍物遮挡，则可以启动列车；如果发现障碍物，排除障碍物后，启动列车。

列车进站端屏蔽门端门位置安装瞭望软灯装置，软灯管的长度不小于 1 800 mm。瞭望软灯装置由支架和 LED 软灯组装而成，支架的材料为橡胶。采用硬度较高的橡胶板材支撑固定软灯管；软灯选用橙色光且不少于 48 粒/m 的 LED 的软灯管产品。橡胶支架具有足够的强度，能够承受列车运行产生的活塞风力，同时能够在车辆运行可能产生碰擦时避免车辆受损。安装方式应安全可靠，支撑牢固，无松动和断裂现象。

LED 软灯采用单相电源供电，电源由动力照明专业单独提供，自动开启、关闭时间可以设定。软灯装置的安装不影响屏蔽门门体的绝缘，软灯装置的材料满足城市轨道交通环境及城市轨道交通设计有关规范的要求，且属环保型材料。产品能满足在环境温度为 0 ℃～45 ℃（轨道侧）下的使用要求。橡胶软管灯带如图 4-7 所示。

图 4-7　橡胶软管灯带

三、门体绝缘与等电位要求

1. 门体绝缘

屏蔽门门体采用的绝缘装置满足屏蔽门与站台土建结构的电气隔离要求，在正常大气压试验条件下，系统绝缘电阻要求：在额定电压 $U \leqslant 60$ V 时，绝缘值 $\geqslant 0.5$ MΩ（用 500 V 兆欧表测量）。

采用绝缘材料将屏蔽门下部支撑组件进行绝缘，使门槛的金属部件与土建结构绝缘。屏蔽门顶部，采用绝缘套，实现屏蔽门设备与顶部土建结构绝缘。

屏蔽门结构与站台土建相隔离，以防驱动电流泄到站台地面。屏蔽门设备与列车运行轨道连接并与车站大地绝缘。屏蔽门设备和车站大地之间的绝缘电阻 $\geqslant 0.5$ MΩ（用 500 V 兆欧表测量）。

在屏蔽门设备上与列车运行轨道连接的任何点以欧姆为单位测定的值不超过 1 Ω。

端门单元与车站大地、屏蔽门主体设备绝缘。端门单元和车站大地之间的绝缘电阻为 0.5 MΩ（用 500 V 直流兆欧表测量）。同样，端门单元和屏蔽门设备之间的绝缘电阻也为 0.5 MΩ（用 500 V 直流兆欧表测量）。

2. 等电位连接

屏蔽门与列车之间存在电位差。为确保乘客和工作人员的安全，在屏蔽门与车辆之间设计及安装等电位装置，采用铜芯电缆与钢轨相互连接消除电位差。整个屏蔽门门体保持等电位连接；通过等电位铜排以及等电位导线将屏蔽门的各金属部件相连，满足等电位的要求。

考虑等电位连接方式，要保证每侧站台的屏蔽门等电位连接可靠，避免因导体接触不良而造成电位差。因此，在车站站台有限长度范围内，采用一点均布的方式，通过铜芯电缆将等电位铜排与钢轨相连，保证门体与车体电位相等，确保人身安全。

3. PSD 系统接地

（1）危险触摸电压。屏蔽门与轨道连接，列车与屏蔽门之间压差将降至最小，因此无触摸电压带来的危险。

由于屏蔽门与站台结构绝缘，因此屏蔽门及站台土建结构之间可能存在触摸电压。该电压将由合适的电源配电柜（由其他专业提供）限制在 90 V 左右。

应保证乘客不能同时触摸屏蔽门的导电部分和站台非绝缘部分。因此，乘客所能触摸到的站台非绝缘点应离屏蔽门足够远。铺设在站台表面（或站台装饰面下）的绝缘层（由其他专业提供）应距离屏蔽门足够远。

车站电气系统由一个 TN-S 二级的低压配电变压器系统提供，即电线的星形接点与站台大地连接，并提供中线和保护导线。车站内所有无遮掩的导线部分与车站大地连接。

屏蔽门构架与运行轨道连接，以减少屏蔽门和列车之间的危险接触电压。为了避免接触直流牵引系统产生的意外电流，屏蔽门构架与站台大地隔离。这是通过在绝缘体上安装屏蔽门构架和确保整个构架与车站墙和吊顶绝缘来实现的。所有连接到屏蔽门的供电电源都源自隔离变压器。屏蔽门周围的接地安排和危险触摸电压如图 4-8 所示。

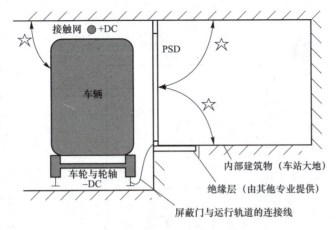

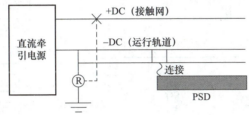

图 4-8 屏蔽门周围的接地安排和危险触摸电压

注：(1) R 表示监控运行轨道对地的电压，如果运行轨道的电压超过一个设定水平时，它将开动电源断路器（其他专业供应商提供）。

(2) 星号表示潜在的危险触摸电压：
①车辆与 PSD 非接触的潜在危险；
②车辆与站台的危险触摸电压（固定后）；
③PSD 站台与车站建筑的危险触摸电压（连续不断的）。

(3) 绿色表示潜在的车站大地。

(4) 蓝色表示潜在的牵引电源－DC。

(5) 红色表示潜在的牵引电源＋DC。

(6) 黄色表示绝缘电阻≥0.5 MΩ（用 500 V 直流兆欧表测量）。

(2) 屏蔽门设备房的接地。屏蔽门设备房里的配电柜、PSC 和其他所有设备都将与车站的大地连接，设备房与站台之间的所有电缆槽和线槽都需与车站地面相连。

在线槽与屏蔽门连接的地点，要留出一部分绝缘的线槽，以维持屏蔽门的绝缘。这部分大约 2 m 长，将接触电压的危险降至最低。为了安全和避免电击，所有的接地线、供电电路断路器均须按 BS7 671（IEE 配线规则）的规定，提供间接接触保护。在屏蔽门机房里所有的设备都与屏蔽门车站机房的接线盒连接。

(3) 屏蔽门结构接地。为了确保屏蔽门与列车之间不存在接触电压危险，屏蔽门结构将与列车运行轨道用 2 mm² × 25 mm² 电缆连接。所有的门头箱都将相连，采用黄绿色的 LSZH 绝缘电缆。站台接地系统构成如图 4-9 所示。

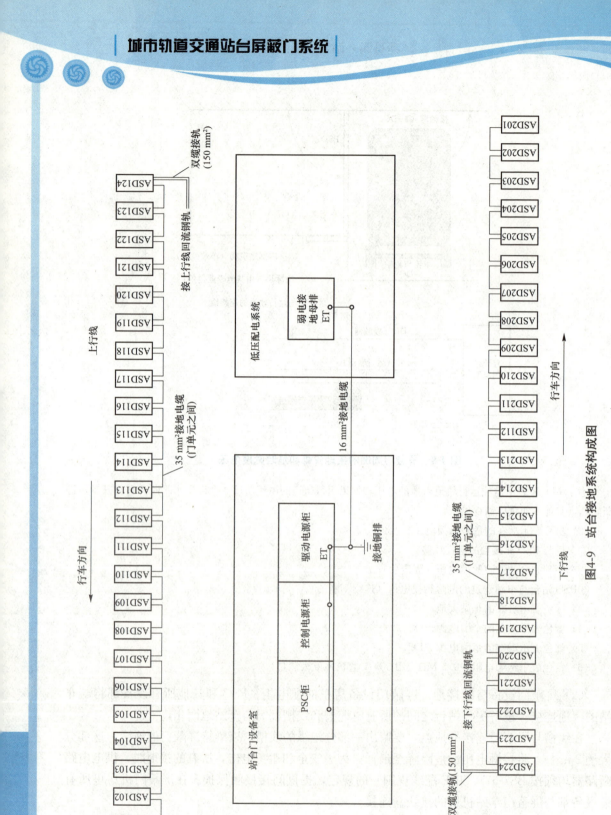

图4-9 站台接地系统构成图

盖板和应急门（EED）与屏蔽门门头箱相连，采用铜编织电缆。滑动门的金属框架采用滑动碳刷与门头箱相连。在屏蔽门结构上任何一点与列车运行轨道连接点的电阻值不超过 1 Ω，列车运行轨道的连接点不超出屏蔽门的 25 m 电缆长度范围。屏蔽门结构由于轨道回流电压而与车站大地发生短路，结构内部的连接线的故障电流额定值可达 100 A。

思 考

1. 简述屏蔽门系统的绝缘要求。
2. 简述屏蔽门系统的接地系统。
3. 简述屏蔽门系统的等电位连接。

课后练习

一、选择题

1. 屏蔽门门体与站台结构绝缘，要求绝缘电阻不小于（　　）MΩ。
A. 1　　　　　　　　B. 5　　　　　　　　C. 0.5　　　　　　　　D. 2.5
2. 屏蔽门供电系统的要求，包括（　　）。
A. 除应由双重电源供电外，还应增设应急电源，并严禁将其他负荷接入应急供电系统
B. 屏蔽门系统必须按一级负荷供电，必须设置备用电源
C. 驱动电源和控制电源的供电回路宜相互独立设置
D. 驱动电源的后备电源容量应符合完成 30 min 内本站全部滑动门开关 3 次的需要，控制电源的后备电源容量应符合系统满负载持续工作 30 min 的需要
3. 屏蔽门供电系统的组成包括哪些部分？（　　）
A. 驱动 UPS　　　　　　　　　　　　B. 控制 UPS
C. 驱动配电屏　　　　　　　　　　　D. 控制电源配电屏
4. UPS 电源设备主要组成有（　　）。
A. 逆变器　　　　　　B. 转换开关　　　　　C. 蓄电池　　　　　　D. 整流器

二、判断题

1. 屏蔽门系统供电属于一级负荷，并严禁将其他负荷接入应急供电系统。（　　）
2. 站台屏蔽门灯带照明也属于一级负荷。（　　）
3. 屏蔽门系统瞭望软灯带的作用是帮助司机观察屏蔽门与列车间隙中是否存在异物。（　　）

三、简答题

1. 简述屏蔽门供电系统的重要性。
2. 简述蓄电池的供电要求。

项目五
站台屏蔽门设备操作及维护保养

屏蔽门设备的各项操作能力是屏蔽门岗位人员应该具备的基本要求，有计划的检测和维护是保证屏蔽门设备安全的重要手段，当发现影响个人安全或者是列车正常运转的损坏部件，必须立即修理。检测结果必须在检查清单上记录，用以体现屏蔽门系统的实际状态。

项目五 站台屏蔽门设备操作及维护保养

学习目标

1. 掌握屏蔽门操作前的准备工作。
2. 掌握屏蔽门滑动门、应急门、端门的基本操作。
3. 掌握屏蔽门系统控制设备的操作。
4. 掌握屏蔽门日常巡查的内容和检查要点。

案例导入

上海地铁屏蔽门夹人事件

2007年7月15日下午3时34分,上海轨道交通1号线上海体育馆站下行(往莘庄方向)站台上,一名男性乘客在上车时被夹在屏蔽门和列车之间,列车正常启动后,该乘客被挤压坠落隧道不幸身亡。事故发生后,车站工作人员立即拨打急救电话,将这名男子送往医院。不过,这名男子在送往医院前已经死亡。

上海地铁运营有限公司表示,当时,列车蜂鸣器与屏蔽门灯光已经发出警示,列车即将开动。在这种情况下,这名乘客仍强行上车,由于车内拥挤,他未能挤进车厢。这时,屏蔽门已经关闭,列车正常启动,这名男子遂被挤压坠落隧道。

地铁运营商提醒乘客,一旦发生危急状况不要慌张,一是车门内的紧急拉手可以应对突发情况,二是屏蔽门内也有紧急拉手,可以帮助受困乘客解围。"我当时在出事车门的隔壁第二个车厢,突然听到车厢内有乘客在高声叫喊,列车启动后又停了下来,这才看到屏蔽门上都是血。"现场目击者张先生说。

在《新闻晨报》6月对1号线屏蔽门的供应商——西屋月台屏蔽门(广州)有限公司的采访中,该公司称为了避免夹人事故再次发生,公司正考虑在屏蔽门内侧安装安全开关,如果有人碰到安全开关,列车就会暂停开动。

案例表明:轨道交通车站和列车是人群比较集中的公共设施,由于人员、设施与设备、环境等因素影响,城市轨道交通运营过程中的各种人员伤害发生的频率也在相应增加。人员伤害事件的发生,会给城市轨道交通企业造成在声誉上的严重影响及经济上的重大损失,给人员伤害事件的责任者带来经济损失和家庭负担,同时给伤者带来身体痛苦和心灵创伤。

新课学习

任务一 屏蔽门门体操作

一、屏蔽门操作前的准备工作

1. 安全操作制度

（1）所有操作都必须严格遵守一般通用生产安全规定。轨道侧的作业，应遵守轨道作业指引，相关的文件可从运营分公司有关安全文件中获得。

（2）屏蔽门操作人员必须经过培训，取得供货商颁发的屏蔽门培训结业证书或获得相关部门授权操作权限后，才能操作屏蔽门。

（3）屏蔽门故障或破损时，应及时安放好防护栏及警告标识，并尽快通知相关部门。

（4）操作开关屏蔽门时，应注意观察站台边人群拥挤情况，严禁没有警告及防护措施不当时开关屏蔽门，防止乘客跌入轨道造成伤害。

（5）故障排除后，必须手动操作屏蔽门测试开关一次，关闭屏蔽门，才能把模式开关转到自动控制位置。

（6）在列车进出车站的过程中及屏蔽门在正常的状态下，严禁打开应急门。应急门使用后，必须确认关闭并锁紧，严禁使用异物阻挡应急门的关闭。

2. 屏蔽门设备操作前准备

（1）操作人员必须向相关人员（OCC 行调或车控室值班员）发出操作请求，取得允许后方能操作。

（2）检查端门、应急门是否正常锁闭，屏蔽门门体有无破损，站台侧屏蔽门有无渗水现象。

（3）注意观察站台人群拥挤情况，严禁没有警告及防护措施不当时开启屏蔽门。

3. 屏蔽门上电操作

允许操作人员是经过培训的机电工班员工及车站站务人员。

（1）操作人员将滑动门打开。

（2）上电后，在接近最小速度和力矩极限的状态下，滑动门关闭且锁紧。

（3）每天运营开始前用 PSL 开关进行开关门操作，观察屏蔽门是否正常运行，确认 PSL 上门关闭指示灯点亮。

二、屏蔽门的自动操作

允许操作人员是经过培训的列车司机。

（1）在正常运行模式下，列车到站并停在允许的误差范围内，信号系统（SIG）发出允许开门的命令。

（2）各种安全因素经过列车司机的人工确认后，按压开门按钮，屏蔽门自动打开。

（3）当列车停站时间到时，信号系统（SIG）发出允许关门命令。

（4）经过列车司机人工确认各种安全因素后，按压关门按钮，屏蔽门自动关闭。

图 5-1 所示为自动开门操作顺序流程图，图 5-2 所示为自动关门操作顺序流程图。自动开门操作结果是顶箱上指示灯点亮，PEDC 上 ASD/EED 状态指示灯点亮。自动关门操作结果是，关门过程中顶箱上指示灯闪烁且发出短促警报声；门关闭并锁紧后顶箱上指示灯和 PEDC 上 ASD/EED 状态指示灯应熄灭，警报声关闭，列车可以离站。

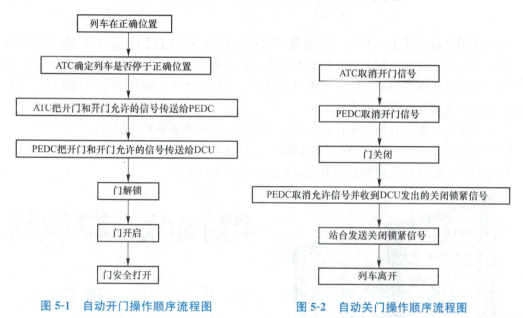

图 5-1　自动开门操作顺序流程图　　图 5-2　自动关门操作顺序流程图

三、屏蔽门的手动操作

滑动门、应急门、端门顶箱的钥匙孔有防止无关人员损坏的措施。锁与钥匙采用通用设计，车站有关工作人员使用 1 把钥匙可以打开所有 ASD、EED、MSD、顶箱，全线屏蔽门的钥匙保持一致。

1. 滑动门（ASD）

滑动门上部顶箱内设置锁紧装置。锁紧装置与手动开门把手和钥匙孔联动。正常运行时可自动解锁，故障时可手动解锁。当滑动门关闭时锁紧装置锁闭，能防止站台侧的外力开门；滑动门自动开启时，锁紧装置自动释放；轨道侧手动和站台侧钥匙开启时都能释放锁紧装置开门。

（1）站台侧解锁（三角钥匙手动开、关滑动门）。

①开门操作：将屏蔽门三角钥匙圆形端插入门体钥匙孔，逆时针转动三角钥匙直到门锁解锁，用手将两扇滑动门向两侧推即可打开。

②关门操作：用手拉动两扇滑动门向中间推动，直到滑动门关闭。

滑动门开门钥匙如图5-3所示。

图5-3　滑动门开门钥匙示意图

（2）使用轨道侧紧急释放装置。滑动门在轨道侧设置开门把手；在站台侧设置钥匙开关。当系统级和站台级控制失效（如电源供应或控制系统故障门不能自动打开时）滑动门打不开时，乘客可从轨道侧用开门把手将门打开；站台侧工作人员也可用专用钥匙开门。手动解锁装置设计美观并有醒目的操作标识。

①开门操作：按压右侧紧急释放装置，门解锁后，向两侧推即可打开。

②关门操作：用手拉动滑动门向中间推动，直到滑动门关闭。

滑动门轨道侧开门按钮和开门方法示意图如图5-4所示。

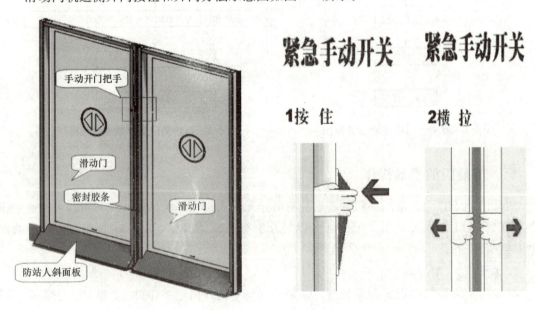

图5-4　滑动门轨道侧开门按钮和开门方法示意图

从轨道侧手动打开滑动门、应急门、端门所需要的力：手动解锁所需要的力≤67 N；手动将门打开所需的最大力≤133 N；将门打开到门设计净开度过程中所需的力≤67 N。手动关门力≤133 N。

滑动门设置就地控制盒（LCB），便于设备的维护检修。维修时可转换为手动操作位置，通过 LCB 控制滑动门开闭。屏蔽门 LCB 的安装位置在滑动门门楣右下方，维修人员可方便使用。LCB 的详细描述请参见任务二。

2. 应急门（EED）

应急门设置在固定门位置，正常运行时，应急门保持在关闭锁紧状态，在站台公共区与隧道区域之间起隔离作用；当列车进站无法对准滑动门时，可作为乘客疏散通道。

（1）站台侧开、关应急门的操作。开门操作：用屏蔽门三角钥匙插入门体钥匙孔，逆时针转动三角钥匙，直到门锁完全解锁，用手拉住应急门或端门，向站台方向拉开 90°，即可保持打开状态。

关门操作：用手拉住应急门或端门向轨行区方向关闭，关闭后，应急门或端门上方门状态指示灯熄灭，并确认应急门或端门完全关闭且锁紧后方可离开。

（2）轨道侧开、关应急门的操作。开门操作：按压应急门或端门紧急解锁推杆，门解锁后，向站台侧推动 90°，即可保持打开状态。

关门操作：用手拉住应急门或端门向轨行区方向关闭，关闭后，应急门或端门上方门状态指示灯熄灭，确认应急门或端门完全关闭且锁紧后方可离开。

应急门可向站台侧旋转 90°平开，定位保持在 90°开度，不会自动复位。开、关门时，门扇部件及锁销不摩擦站台地面（包括盲道）。

应急门在站台侧设有门锁装置，在轨道侧设有开门推杆；推杆与门锁联动，站台工作人员可在站台侧用钥匙解锁开门，乘客可在轨道侧用推压杆解锁将门打开。开门推杆设有明显的指示标识，门槛处的锁机构外露件不影响人员通行。应急门推杆和手动操作示意图如图 5-5 所示。

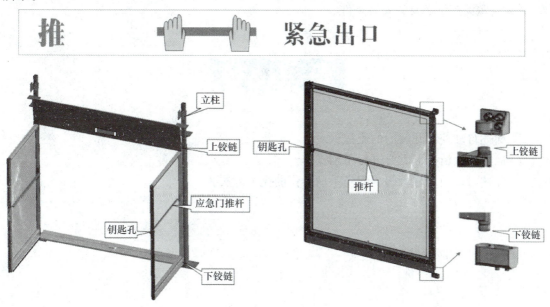

图 5-5　应急门推杆和手动操作示意图

应急门锁闭信号和解锁状态信号反馈到中央控制盘（PSC）中，由 PSC 上传到综合监控系统（ISCS），由 ISCS 在车站控制室进行显示。应急门的锁闭信号与相应侧滑动门锁闭信号进行联锁，并具备旁路功能，当某一应急门故障并旁路后，该应急门将脱离安全回路。EED 门锁闭、解锁状态信号以及旁路状态信号将及时反馈到中央控制盘（PSC）中进行显示和报警。由 PSC 上传到车站综合控制室。

屏蔽门每处两扇应急门中间无立柱，打开后成为一个开阔的通道。

应急门安装位置充分考虑了最不利停车条件下的可供疏散的通道宽度。

3. 端门（MSD）

端门是列车在区间隧道火灾或故障时的乘客疏散通道以及工作人员进出站台公共区的通道。正常运营情况下端门关闭锁紧，不会因风压导致端门解锁打开，并能满足技术规格规定的荷载要求。

（1）端门设有门锁装置，乘客或工作人员可在轨道侧推压开门推杆解锁将门打开，站台工作人员也可在站台侧用钥匙解锁开门。开门推杆设有明显的指示标识（开门方法跟应急门方法相同），并且门槛处的锁机构外露件不影响人员通行。

（2）端门可向站台侧旋转 90°平开，定位保持在 90°开度，未在全开位置时端门能自动复位至关闭。状态信息传送到 PSC，再由 PSC 上传到综合监控系统（ISCS）并显示。端门开启时间超过 2 mim（0～5 mim 可调）时报警。开、关门时，门扇底部距地面缝隙不大于 10 mm，且锁销及门扇部件与地面（包括盲道）不会有摩擦。

（3）端门上部设有门状态指示灯。端门开启时，指示灯点亮，关闭且锁紧时，指示灯熄灭。端门的状态不纳入屏蔽门系统的安全回路。

（4）端门手动解锁装置方便乘客在轨道侧打开端门并避免乘客在站台侧打开端门。

（5）端门单元在满足屏蔽门功能基础上同时纳入门禁（ACS）系统进行管理。端门单元为 ACS 电磁锁提供必要的安装条件。

1. 简述自动控制开关门的流程。
2. 简述什么情况下需要进行手动操作？
3. 简述滑动门、应急门、端门手动操作的操作方法。

项目五 站台屏蔽门设备操作及维护保养

屏蔽门系统其他设备的操作

一、就地控制盘开关门操作方法

就地控制盘（PSL）操作也即站台级操作。

允许操作人员是经过培训的列车司机、机电工班员工及车站站务人员。

当因信号系统（SIG）故障失效或屏蔽门系统控制柜（PSC）对屏蔽门控制单元（DCU）控制发生故障时，由司机或被授权操作人员操作就地控制盘（PSL）控制屏蔽门的开关。操作时，信号系统被完全忽略。就地控制盘面板如图5-6所示。

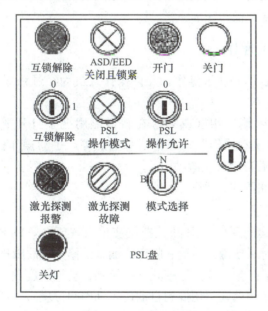

图 5-6 就地控制盘面板

1. 就地控制盘开门操作

（1）插入操作允许转换钥匙开关，顺时针转到"PSL允许"位置，此时"PSL允许"指示灯点亮。

（2）按下"开门"按钮，整侧屏蔽门打开，此时就地控制盘上"门全关且锁紧"指示灯熄灭，"ASD门开"指示灯点亮。

（3）操作就地控制盘开门必须与操作就地控制盘关门配合使用。

2. 就地控制盘关门操作

（1）插入操作允许转换钥匙开关，顺时针转到"PSL允许"位置，此时"PSL允许"

89

指示灯点亮。

(2) 按下"关门"按钮，整侧屏蔽门关闭，此时就地控制盘上"门全关且锁紧"指示灯点亮、"ASD 门开"指示灯熄灭。

(3) 操作完成后，将操作允许转换钥匙开关逆时针转到"自动"位置，此时就地控制盘上的"PSL 允许"指示灯熄灭。

3. 就地控制盘互锁解除开关的操作

当屏蔽门全部关闭后，但信号系统因无法确认而不能发车时，此时由司机或车站工作人员用互锁解除专用钥匙转动互锁开关至"OVERRIDE"（互锁解除）位置，PEDC 收到"ASD/EED 互锁解除信号"后，PEDC 上的"PSL 操作允许"指示灯点亮。SIG 获得互锁解除信号后允许列车发车，但钥匙必须保持在 PSL 操作盘上。

ASD/EED 互锁解除开关的操作，强行给出 ASD/EED 互锁已解除的信号，让列车继续前行或进入车站，这个过程一般由车站工作人员操作：

(1) 插入钥匙转动至互锁解除位置。

(2) 确认列车车尾驶出 S 棒线或停车到位，松开钥匙开关。

(3) 取出钥匙并带走，操作完毕。

二、LCB 模式开关操作

LCB 模式开关操作也即手动级操作。允许操作人员为经过培训的机电工班员工及车站站务人员。

站台工作人员在站台侧用钥匙或乘客在轨道侧用把手打开滑动门。执行此操作时，PEDC 上的"ASD/EED 手动操作"状态指示灯应点亮，手动操作打开滑动门后，如 DCU 能正常工作，则在 15 s 后自动关闭滑动门。

LCB 模式开关面板如图 3-11 所示。

1. 自动位置操作

(1) 当屏蔽门自动运行时，LCB 开关挡位应该设置于此，LCB 指示灯（绿灯）常亮。当出现单道门单元故障时，使用模式钥匙隔离或测试维修，当故障排除后，必须手动操作开门和关门各一次，关闭屏蔽门，才能把模式开关转到自动控制位置。

(2) 将该道门的模式钥匙开关切换到自动位置（中间位置），将门恢复到自动控制状态。

(3) 钥匙从开关上取出带走，操作完毕。

2. 门道故障隔离操作

(1) 当某一门单元控制出现故障，导致无法打开或关闭时，为了使它不影响整列屏蔽门的控制，将该门从屏蔽门系统整侧安全回路（锁闭回路）中旁路出来，插入模式钥匙切换到隔离位置（逆时针转动），隔离该道门，绿灯熄灭。

(2) 在故障门前设置安全围栏，站台工作人员加强监护，以保证正常运营。

(3) 排除故障后，用手动开关进行至少一次开关门操作。

(4) 将该门道的模式钥匙开关切换到自动位置（中间位置，顺时针转动）、将门恢复到自动控制。

(5) 钥匙从开关上取出带走，操作完毕。

3. 测试位置操作

（1）将模式开关钥匙插入，切换到手动开、关门位置（顺时针转动），此时可进行测试开关的操作。

（2）开关把手打到"手动开门"位置时，此道屏蔽门打开。

（3）开关把手打到"手动关门"位置时，此道屏蔽门关闭。

（4）排除故障后，用手动开关进行至少一次开、关门操作。

（5）将该门道的模式钥匙开关切换到自动位置（中间位置，逆时针转动），将门恢复到自动控制状态。

（6）从开关上取出钥匙带走，操作完毕。

三、屏蔽门综合后备盘操作

当车站发生突发状况（如火灾）时，车站值班员根据相关操作指引，操作允许转换钥匙开关，打开或关闭整侧屏蔽门。正常情况下操作允许转换钥匙开关应在"自动"位置，否则信号系统、就地控制盘将无法对屏蔽门进行操作。

1. 面板操作

综合后备盘面板如图 3-5 所示。

2. 综合后备盘开门操作

当车站站台发生火灾时，由经过授权的人员对 IBP 进行操作：

（1）插入专用钥匙至对应站台侧的允许钥匙开关，转到允许位置。

（2）按下开门按钮，开启整侧滑动门（也有允许钥匙直接转动至开门位置，没有开门按钮的设计），配合站台排烟。

（3）紧急模式结束后，允许钥匙开关转到禁止位置。

（4）取出钥匙并带走，操作完毕。

（5）操作 PSL，关闭整侧屏蔽门；或逐个操作 LCB 关闭屏蔽门。

需要注意的是：IBP 只能开启整侧屏蔽门，不能关闭整侧屏蔽门，而此状况下需现场手动关闭。

1. 在什么情况下使用就地控制盘开关屏蔽门？
2. 什么是互锁接触？
3. 在什么情况下使用就地控制盘？
4. 在什么情况下使用综合后备盘？

任务三　站台屏蔽门的巡检

一、概述

对屏蔽门各组成部分进行有计划的检修，包括巡视、半月检、月检、季检、半年检、年检、五年检等周期检修内容。

车站设备预防性维护工作应成立检查小组，用以提高车站设备系统的可靠性。小组应包含操作监管、操作员、维修监管、一线维修技术员和检查专家等。

在检测过程中，当发现影响个人安全或者是列车正常运转损坏部件的，必须立即修理。检测结果必须在检查清单上记录，用于体现屏蔽门系统的实际状况。

（1）在执行预防维护工作之前，必须考虑下列问题：

①车站的许可和车辆控制中心收到将要维修的工作内容；

②需要对维修工作完全地监督以符合安全管理，并记录检测结果；

③在实施可视检测时断掉所有相关系统的电源；

④维修工作结束后通知车站和车辆控制中心。

（2）在检修作业中，技术操作人员需要注意以下安全措施：

①检查应注意是否影响行车安全，在列车停止运营后进行作业；

②轨道作业时应停电挂牌并设有专人监护；

③作业完成后应检查设备是否恢复正常状态，并出清现场；

④作业结束后严禁在气体的保护房间进行休息；

⑤认真学习并严格遵守机电安全交底单上的相关内容。

二、日常巡检

1. 日常巡检内容

日常巡检应包含下列主要内容：

（1）门体结构。

①检查门体玻璃、门槛、盖板、装饰板、胶条和毛刷的外观；

②检查顶箱或固定侧盒指示灯状态；

③检查滑动门、应急门、端门开关状态；

④检查灯带照明状态。

（2）电源系统。

①检查电源柜的电压与电流状态；

②检查驱动电源的外观、进线电压、输出电压、运行状态、电池组串联电压、电池温

升、散热风扇工作状况；

③检查控制电源的外观、进线电压、输出电压、运行状态、指示灯测试、环境温度、电源/电池/主机负载状态，以及电池组串联电压、电池温升、散热风扇工作情况。

(3) 监控系统。

①检查中央控制盘工作指示灯状态、机柜内温度；

②查看监控系统报警信息。

(4) 检查屏蔽门设备房的温度、湿度等环境因素。

2. 日常巡检作业要求

(1) 向站务人员详细了解屏蔽门系统设备的工作状态、是否有故障等情况。

(2) 按内容和要求进行巡检作业，并对异常状态详细记录。

(3) 如需即时对故障进行维修，应办理车站登记手续，经OCC同意后，进行维修。

(4) 巡检人员若现场不能及时解决故障，应上报车间调度，安排人员进行维修。

(5) 登记《屏蔽门系统设备巡检表》并做好存档管理。

三、定期检修

1. 作业前准备工作

(1) 办理车站登记手续。

(2) 准备好所需备品备件，穿戴好劳保防护用品。

(3) 做好作业区域的安全防护和监护。

2. 半月检

半月检应包含下列主要内容：

(1) 清洁门机导轨，检查并紧固顶箱或固定侧盒内接线端子。

(2) 检查电源系统电源柜供电单元电源参数，并检查各组件外观、温升、连接及固定情况，清洁电源柜。

(3) 监控系统。

①检查中央控制盘内元器件外观及工作状态。

②清洁控制柜。

③检查就地控制盘指示灯及开关工作状态。

④检查监控软件及其时钟信息。

3. 月检

月检应包含下列主要内容：

(1) 门体。

①检查滑动门、应急门、端门的手动解锁装置是否灵活、操作可靠；

②检查端门闭门器及应急门定位器；

③检查门体玻璃外观、胶条和毛刷安装紧固状况。

(2) 门机。

①检查电动机及齿轮箱、传动装置、门锁机构安装紧固状况；

②检查滑动门锁紧装置及其检测开关安装紧固状况；

③检查门机电源模块、顶箱或固定侧盒控制变压器等供电部件安装紧固、输入输出值；
④检查顶箱或固定侧盒的指示灯安装紧固状况；
⑤检查障碍物检测功能；
⑥清洁顶箱或固定侧盒的所有辅助器件。
（3）监控系统。
①测试中央控制盘指示灯；
②检查中央控制盘内安全继电器、时间继电器、固态继电器、控制变压器安装可靠状况；
③检查中央控制盘内布线、器件安装状况；
④备份监控软件的故障记录、事件记录存档备查。
（4）就地控制盘。
①对盘内外进行清洁；
②检查各部件安装紧固、老化、异味等状态；
③检查各电线、电缆、半导体元件的连接状态；
④检查各钥匙开关、按钮的状态。
（5）紧急控制盘开关。
①对盘内外进行清洁；
②检查各部件安装紧固、老化等状态；
③检查各电线、电缆、器件的连接状态；
④检查各钥匙开关、按钮的状态；
⑤测试综合备份盘功能。
（6）清洁屏蔽门设备房，检查通风空调设备。

4. 季检

季检应包含下列主要内容：
（1）门机。
①检查皮带张力及连接状况或螺杆螺母（或齿轮齿条）啮合传动及润滑状态；
②检查门滚轮磨损及转动状况；
③检查惰轮、皮带轮转动状况；
④检查电线、电缆、接地线、网线的完好及固定情况。
（2）监控系统。
①就地控制盘、综合备份盘功能与逻辑操作检测；
②检查屏蔽门设备房到门机线缆、线槽，并对其清洁、紧固、防锈；
③检查中央控制盘与信号系统接口记录，并进行功能确认；
④检查中央控制盘与其他系统通信功能；
⑤检查并紧固就地控制盘、中央控制盘内部接线。
（3）电源系统。
①对控制电源、驱动电源的蓄电池进行充放电，并记录放电前后蓄电池的电压；
②检查电源控制柜接线端口的连接状态；

③清洁蓄电池外表面；

④检查不间断电源蓄电池的温度、声音、变形、漏液、鼓胀、安全阀开启、接线端及气孔异常；

⑤检查蓄电池充电器状态；

⑥检查蓄电池与外部接口电缆电线安装状况；

⑦检查电源配电箱。

5. 半年检

半年检应包含下列主要内容：

（1）门体。

①滑动门运行指标的抽查；

②检查接轨导线有无松动、接地线缆有无老化；

③检查滑动门导靴、门槛间隙；

④检查顶箱或固定侧盒的前、后盖板安装紧固及密封；

⑤检查限位挡块、螺杆、螺母、轴承、联轴器状态；

⑥检查滑动门与吊挂件的连接状态，必要时调整滑动门的对中、垂直及水平位置。

（2）门机及监控系统。

①检查碳刷磨损及变形程度；

②检测滑动门（含门控器）的各控制功能；

③中央控制盘功能与逻辑操作检测；

④检查应急门、端门功能，包括状态指示、检测、诊断。

6. 年检

年检应包含下列主要内容：

（1）门体。

①检查门扇玻璃、支架和胶条的状态；

②检查及清洁下支架；

③检查门槛等电位电缆有无松动；

④检查门槛支撑件上下绝缘件状态，必要时更换；

⑤屏蔽门进行绝缘、等电位测试。

（2）检查蓄电源系统的电池容量。

（3）检查轨顶、轨侧线槽的安装、固定、锈蚀状态。

7. 五年检

五年检应包含下列主要内容：

（1）检测中央控制盘逻辑控制单元功能及其器件；

（2）所有紧固件固定及锈蚀检查；

（3）变形缝结构检查。

1. 月检包含哪些内容？
2. 季检包含哪些内容？
3. 年检包含哪些内容？

任务四 站台屏蔽门器件保养要点

一、接线端子

检测所有接线端子，以确保它们没有松动，如果有轻微的松动，将它推进去。

二、电动机驱动单元

检查电动机驱动单元的所有部件，查看是否有机械损坏和超负荷工作的迹象，包括以下部分：

（1）检查电动机支架固定螺栓是否松动。
（2）检查皮带防滑块与皮带之间的间隙是否影响皮带运行。
（3）检查电动机表面温度是否在正常温升范围内。
（4）检查皮带是否有磨损。

三、滑动门吊挂件

检查滑动门吊挂件的所有部件，查看是否有机械损坏和超负荷工作的迹象，包括以下部分：

（1）检查皮带夹是否有松动。
（2）检查行程开关感应板是否能正常触碰行程开关。
（3）检查滚轮是否有磨损及松动或间隙增大。
（4）检查调节螺杆是否有松动。

四、闸锁机构

检查所有活动部件，查看是否有磨损。
（1）检查闸锁支架是否松动。

项目五　站台屏蔽门设备操作及维护保养

（2）检查电磁铁能否正常动作，表面温升是否正常。
（3）检查左右锁舌是否连接运行顺畅。
（4）检查锁紧检测机构是否运行顺畅。
（5）检测所有接线端子以及电缆线束，以确保其正常连接。

五、接地连接

（1）检查所有等电位连接是否牢固可靠。
（2）检查是否有磨损或灰尘。
（3）检查可视的等电位电缆，查看是否有破损、损坏的情况。

六、顶箱保养

1. 安全操作要求

（1）进行此项任务时 PSD 系统带电。
（2）操作时要确保所操作单元已从系统电源中隔离。
（3）此项任务需要在 ASD 部分开启时实施。
（4）需要打开顶箱盖板。
（5）顶箱检测在非运营时间进行。

2. 保养操作步骤

（1）打开前盖板。
（2）检查接线端子排。
（3）从 DCU 上断开电源。
（4）检查电动机和电动机安装支架。
（5）检查齿带、皮带张紧力和皮带轮。
（6）检查所有滚轮组和驱动部件。
（7）检查和调试锁装置。
（8）给锁钩和锁销等做润滑措施。
（9）检查所有吊挂件。
（10）检查 DCU 盒子的电缆。
（11）检查驱动部件上的连接电缆。
（12）检查闸锁上的连接电缆。
（13）检查接地的等电位电缆。
（14）重新通电。
（15）测试 ASD 开关 5 次以上。
（16）关闭顶箱。

七、障碍物检测系统的功能测试

1. 安全操作要求

（1）只能在非运营的情况下做此项功能测试。

(2) 在展开维修工作之前请通知车站相关工作人员。

(3) 在整个过程中 ASD 会使用自动模式进行开关门测试。

(4) 注意防止人员坠落在轨道上。

2. 障碍物检测系统的功能测试步骤

(1) ASD 的 LCB 处于自动模式，使用 PSL、IBP 或者 SIG 打开 ASD。

(2) 把 5 mm 测试板放在两对滑动门的 1 m 高处。

(3) ASD 的 LCB 处于自动模式，使用 PSL、IBP 或者 SIG 关闭 ASD。障碍物检测系统会采取行动，一旦 ASD 达到检测直径，障碍物检测系统会阻止 ASD 关闭，ASD 后退一段距离，待 ASD 尝试几次（障碍物检测次数可以在上位机上设置，1～5 次为有效参数）关闭无法成功时，ASD 会全开到位，并且发出声光报警。

(4) ASD 再次正常开关门或者 LCB 转到隔离模式时，报警会消失。

八、对信号回路的功能性检测

1. 安全操作要求

(1) 此项功能测试需要在非运营时进行。

(2) 在执行维修工作之前通知车站相关工作人员。

2. 对信号回路的功能性检测步骤

此项检测需要进入 PSD 设备房，并且需要打开 PSC 控制柜。

(1) 在信号系统给出"开门"信号传送给 PSC 时，在 PSC 柜中的相关安全继电器会动作。

(2) 在信号系统给出"关门"信号传送 PSC 时，在 PSC 柜中的相关安全继电器会动作。

(3) 检测所有门关闭并锁上时给 PSC 发送信号，在 PSC 柜中的检测相关接线端子之间有 DC22～27 V 电压。

九、手动解锁功能检查

1. 安全操作要求

(1) 此项检查需要在轨道侧操作。

(2) 在操作时 ASD 系统会部分打开。

(3) 此项功能测试需要在车辆非运营时进行。

(4) 在执行维修工作之前请通知车站相关工作人员。

2. 手动解锁功能检查步骤

(1) 使用三角形钥匙通过站台侧的手动解锁装置解锁 ASD。

(2) 把滑动门手动推开，此时 ASD 会进行声光报警。

(3) 等待系统设定的时间后（该时间可以在上位机上进行设置，1～60 s 为有效参数），滑动门会自动关闭，并停止声光报警。

(4) 从轨道侧操作应急手动解锁装置解锁 ASD。

(5) 务必确保 ASD 系统在整个测试过程中都能顺利关闭并锁紧。

思 考

1. 各类接线端子的保养要点是什么？
2. 关于顶箱的保养包括哪些内容？
3. 简述探测障碍物功能的测试步骤。
4. 关于手动解锁功能的检测有哪些需要注意的？

任务五 站台屏蔽门部分器件更换

一、更换密封毛刷

（1）打开顶箱前盖板，滑撑定位；
（2）松开导轨或者门栏上的毛刷型材的固定螺钉；
（3）更换新的毛刷紧固各个螺钉；
（4）手动开关滑动门检查毛刷安装情况；
（5）关闭前盖板并锁紧，如图5-7所示。

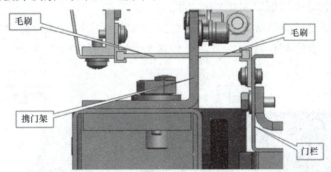

图5-7 密封毛刷更换示意图

二、更换滑动门前挡胶条

（1）拆卸固定螺钉；
（2）抽出前挡胶条；
（3）在胶条安装面和门框型材压条上涂抹肥皂水；
（4）沿胶条抽出反向安装新胶条；
（5）安装固定螺钉，如图5-8所示。

图5-8 滑动门前挡胶条更换示意图

三、更换碳刷

（1）打开顶箱前盖板，滑撑定位；
（2）拆下碳刷支架和等电位接线的固定螺钉；
（3）更换新的碳刷组件，先安装等电位接线螺钉，再安装碳刷固定支架螺钉；
（4）手动开关滑动门检查碳刷与滑动门的接触情况及有无异常噪声；
（5）关闭前盖板并锁紧，如图 5-9 所示。

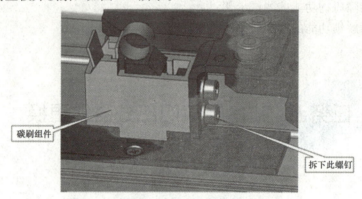

图 5-9 碳刷更换示意图

四、更换驱动装置

（1）打开顶箱前盖板，滑撑定位；
（2）拆除电机端部接线；
（3）松开电机支架的固定螺钉，向右抽出电动机组件；
（4）松开安装电动机的螺钉将电动机拆除；
（5）更换新的电动机并紧固，再将电动机组件安装到联轴器端部并固定；
（6）恢复电动机的端部接线并恢复门头电源操作模式开关检查滑动门开、关门情况，如图 5-10 所示。

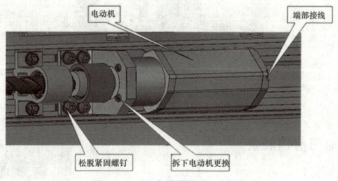

图 5-10 驱动装置更换示意图

五、更换联轴器

（1）打开顶箱前盖板，滑撑定位；

（2）松开联轴器的固定螺钉；
（3）松开电动机支架的固定螺钉，向右抽出电动机组件，取下联轴器；
（4）更换新的联轴器，再将电动机组件安装到新的联轴器端部并固定；
（5）操作模式开关检查滑动门开关门情况，如图 5-11 所示。

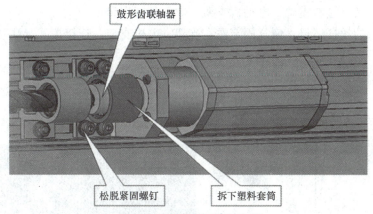

图 5-11　联轴器更换示意图

六、调整应急门定位器

（1）打开顶箱前盖板，滑撑定位；
（2）松开限位螺钉的锁紧螺母，调整限位螺钉，调整应急门的限位开度；
（3）调整到位后锁紧限位螺钉的螺母；
（4）开关应急门检查应急门开门限位情况，如图 5-12 所示。

七、更换端门活动门闭门器

（1）打开顶箱前盖板，滑撑定位；
（2）松脱摆杆与门体的固定螺钉、摆杆与闭门器主体的固定螺钉，取下摆杆；
（3）拆卸闭门器的过渡板，取下闭门器主体；
（4）更换新的闭门器主体，再将闭门器安装到顶箱内；
（5）连接闭门器摆杆，调整闭门器，保证端门活动门开度，以及关门速度（力度）；
（6）开关端门活动门检查端门活动门开关门情况，如图 5-13 所示。

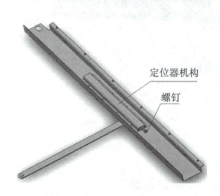
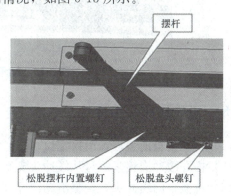

图 5-12　应急门定位器调整示意图　　图 5-13　闭门器更换示意图

八、更换丝杆螺母副

(1) 打开顶箱前盖板,滑撑定位;
(2) 标记左右支架和电动机支架的位置;
(3) 松脱拨叉、左右支架、电动机支架,取下丝杆螺母;
(4) 更换新的丝杆螺母,恢复固定左右支架、电机支架,连接拨叉(注意螺母旋向);
(5) 调整门扇开度;
(6) 操作模式开关检查滑动门开关门情况,如图 5-14 所示。

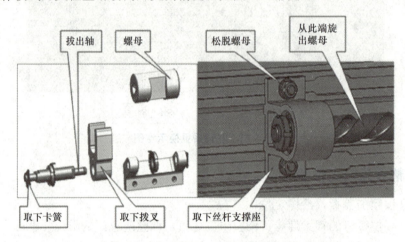

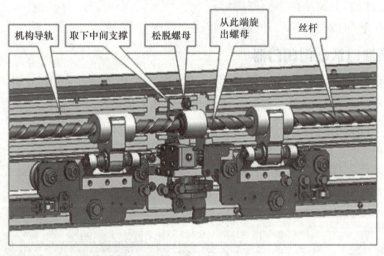

图 5-14 丝杆螺母副更换示意图

九、更换缓冲头组件

(1) 打开顶箱前盖板,滑撑定位;
(2) 松开缓冲头锁紧螺母从缓冲头支架上拆除缓冲头;
(3) 更换新的缓冲头,调整滑动门开度,拧紧缓冲头锁紧螺母;
(4) 手动开关滑动门检查滑动门运行情况,如图 5-15 所示。

图 5-15 缓冲头组件更换示意图

十、更换滑动门滚轮

（1）打开顶箱前盖板，滑撑定位；
（2）松脱拨叉与承载小车的转轴，松脱偏心轴与携门架的固定螺钉，取下承载小车；
（3）松脱防跳轮、承载轮与承载小车的固定螺母；
（4）更换新的防跳轮、承载轮并紧固，将承载小车安装到导轨上，连接拨叉、携门架；
（5）调整滑动门开度、高度，左右滑动门的共面；
（6）操作模式开关检查滑动门开关门情况，如图 5-16 所示。

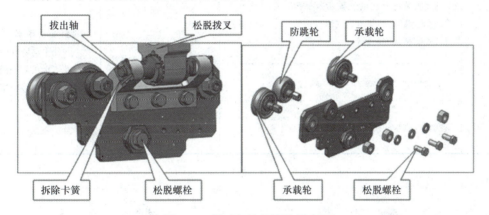

图 5-16 滑动门滚轮更换示意图

十一、更换顶箱压紧锁

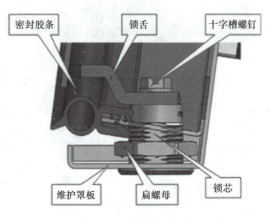

（1）打开顶箱前盖板，滑撑定位；
（2）拧开压紧锁的锁紧螺母；
（3）更换新的压紧锁，注意锁舌位置及旋转方向；
（4）拧紧压紧锁的锁紧螺母，如图 5-17 所示。

图 5-17 顶箱压紧锁更换示意图

十二、更换电动锁零部件

电动锁零部件更换操作步骤见表 5-1。

表 5-1 电动锁零部件更换操作步骤

损坏项目	电磁铁组件损坏	门到位开关坏	手动解锁开关坏
操作步骤	拆除电磁铁的接线	拆除门到位开关接线	拆除手动解锁开关接线
	用尖嘴钳取下电磁铁衔铁上的开口销，取下插销（注意有轴套，不得丢失）	用内六角扳手拆卸门到位开关组件的螺钉	用内六角扳手松开手动解锁开关组件的螺钉
	用内六角扳手拆卸电磁铁组件安装板的安装螺钉，拆卸电磁铁组件	更换新的门到位开关组件（暂不紧固）	更换新的手动解锁开关（暂不紧固）
	更换新的电磁铁组件（注意带胶安装），安装电磁铁组件安装板（暂不紧固）	恢复门到位开关的接线	恢复手动解锁开关的接线
	恢复安装电磁铁衔铁轴套及插销、开口销（注意涂润滑脂），调整电磁铁组件位置，紧固电磁铁组件安装板的安装螺钉	调整门到位开关位置，保证关门触发状态正常，调整完毕后紧固螺钉	调整手动解锁开关位置，保证手动解锁时能正常触发，且正常关门时不会误触发，调整完毕后紧固螺钉
	手动检查电磁铁运动是否顺畅		
	恢复电磁铁的接线		

电动锁更换示意图如图 5-18 所示。

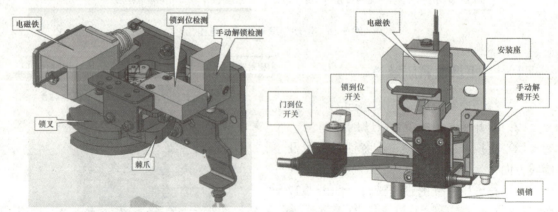

图 5-18 电动锁更换示意图

十三、更换门头指示灯

(1) 打开顶箱前盖板，滑撑定位；
(2) 松开固定螺钉，取下门头指示灯；
(3) 拔掉指示灯的接线，更换新的指示灯固定到前盖板上；
(4) 恢复指示灯的接线；
(5) 开关对应单元的门体检查门头指示灯的点亮情况，如图 5-19 所示。

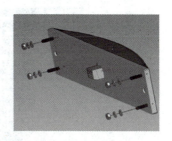

图 5-19　门头指示灯更换示意图

十四、更换 EED 或 MSD 锁到位开关

(1) 打开顶箱前盖板，滑撑定位；
(2) 松开固定螺钉，取下限位开关；
(3) 拔掉限位开关的接线，更换新的限位开关固定到上锁挡上；
(4) 恢复限位开关的接线；
(5) 开关 EED 或 MSD 检查门体锁到位情况，如图 5-20 所示。

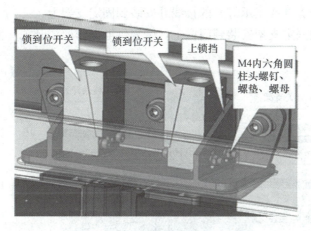

图 5-20　EED 或 MSD 锁到位开关更换示意图

十五、更换门控器

(1) 拔掉门控器上的接线；
(2) 拆除固定门控器的螺钉，取下门控器；
(3) 设定新门控器地址；
(4) 更换新的门控器，恢复门控器的接线；
(5) 操作模式转换开关检查滑动门开关门运行情况，如图 5-21 所示。

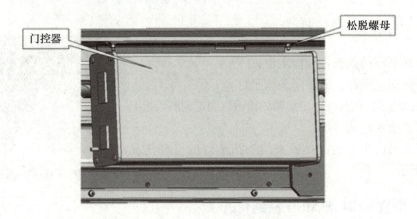

图 5-21 门控器更换示意图

十六、更换模式转换开关和指示灯

（1）松开模式开关固定支架与门栏的固定螺钉，拔掉模式开关（或指示灯）的接线；

（2）松开模式开关（或指示灯）的锁紧螺钉取下模式开关；

（3）恢复模式开关（或指示灯）的接线并安装到固定支架上；

（4）将模式开关固定支架安装到门栏上，恢复供电操作模式开关，检查滑动门开关门情况，如图 5-22 所示。

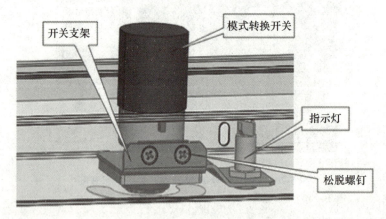

图 5-22 模式转换开关和指示灯更换示意图

十七、更换滑动门

（1）轨道侧松开滑动门门体携门架与门体的固定螺栓；

（2）拆卸滑动门门体，将门体平置于地面（防止玻璃与地面直接接触，可预先放置软性垫板）；

（3）更换新的滑动门门体，调整门体与门槛间隙、门体与立柱间隙，保证左右滑动门门体共面，以及前挡胶条的啮合情况，如图 5-23 所示。

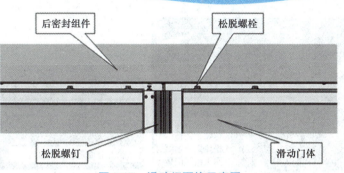

图 5-23　滑动门更换示意图

十八、更换固定门

（1）松开上部固定架的螺栓，切除固定门四周密封胶；

（2）拆卸固定门门体，将门体平置于地面（防止玻璃与地面直接接触，可预先放置软性垫板）；

（3）更换新的固定门门体，调整门体与门槛间隙、门体与立柱间隙，保证固定门门体与立柱前表面共面，如图 5-24 所示。

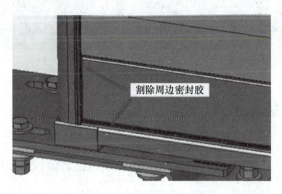

图 5-24　固定门更换示意图

十九、更换应急门

（1）打开应急门，拆卸维护罩支架、上铰链，松开背面定位器螺钉；

（2）拆卸应急门门体，将门体平置于地面（防止玻璃与地面直接接触，可预先放置软性垫板）；

（3）更换新的应急门门体，调整门体与立柱间隙、门体与门槛间隙，保证应急门关闭时与立柱共面；

（4）调整维护罩支架，保证应急门打开的开度；

（5）开关应急门，检查应急门的开关情况，如图 5-25 所示。

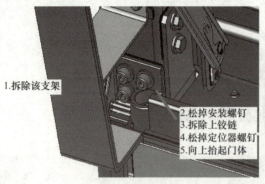

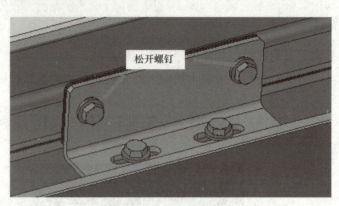

图 5-25　应急门更换示意图

二十、更换端门活动门

（1）打开端门活动门，拆卸上铰链；

（2）拆卸端门活动门门体，将门体平置于地面（防止玻璃与地面直接接触，可预先放置软性垫板）；

（3）更换新的端门活动门门体，调整门体与端门立柱间隙、门体与门槛间隙，保证端门关闭时与立柱共面；

（4）调整闭门器，保证端门活动门开启定位的角度，以及关闭时的开门速度，确保自动关闭时能顺利触发锁闭状态；

（5）开关端门活动门，检查端门活动门的开关情况，如图 5-26 所示。

二十一、更换转换装置执行器

（1）打开转换装置白色装饰板（松开紧固螺钉后，向上抬起，方可拆卸白色装饰板）；

（2）拆卸执行器紧固螺钉，卸下执行器端盖；

（3）将需更换的执行器向相反方向抽出，更换新的执行器；

（4）检查转换装置运行情况，如图 5-27 所示。

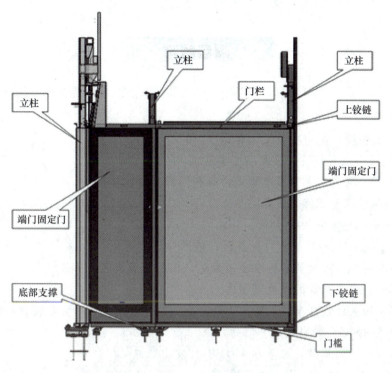

图 5-26 端门活动门门体更换示意图

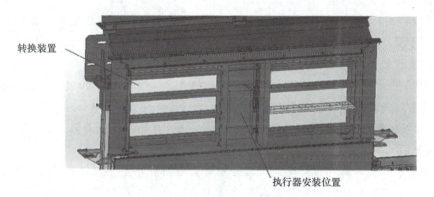

图 5-27 转换装置执行器更换示意图

1. 简述更换驱动装置的步骤。
2. 简述更换滑动门滚轮的步骤。
3. 关于电动锁有哪些零部件，分别如何进行更换？
4. 简述各类门体的更换。

课后练习

一、选择题

1. 屏蔽门设备操作前的准备工作有哪些?（　　）
A. 操作人员必须向相关人员发出操作请求
B. 检查端门、应急门是否正常锁闭，屏蔽门门体有无破损
C. 站台侧屏蔽门有无渗水现象
D. 注意观察站台人群拥挤情况

2. 地铁到站时，由司机操作打开屏蔽门的顺序正确的是（　　）。
①经过列车司机人工确认各种安全因素后，按压关门按钮，屏蔽门自动关闭
②列车到站并停在允许的误差范围内
③各种安全因素经过列车司机的人工确认后，按压开门按钮，屏蔽门自动打开
④信号系统（SIG）发出允许开门的命令
⑤当列车停站时间到时，信号系统（SIG）发出允许关门命令
A. ①④③⑤②　　　B. ③④①②⑤　　　C. ②④①③⑤　　　D. ②④③⑤①

3. 打开滑动门的方法是（　　）。
A. 由司机和信号系统自动控制　　　B. 利用三角钥匙在站台侧打开滑动门
C. 利用PSL打开整侧滑动门　　　D. 利用LCB手动打开滑动门

4. 允许操作就地控制盘（PSL）人员有（　　）。
A. 列车司机　　　B. 机电工班员工　　　C. 车站站务人员　　　D. 乘客

5. 不属于就地控制盘功能的是（　　）。
A. 打开一侧滑动门　　　B. 打开端门　　　C. 打开一侧应急门　　　D. 互锁解除

二、判断题

1. 注意观察站台人群拥挤情况，严禁没有警告及防护措施不当时开启屏蔽门。（　　）
2. 在列车进出车站的过程中及屏蔽门在正常的状态下，严禁打开应急门。（　　）
3. 乘客可在轨道侧用推压杆解锁将门打开。（　　）
4. 应急门上安装有闭门器，可以自动关闭。（　　）
5. 排除故障后，用手动开关进行至少一次开关门操作。（　　）

三、问答题

1. 简述什么情况下进行互锁解除操作。
2. 简述滑动门自动控制（信号控制）的工作过程。
3. 简述屏蔽门系统日常巡检的内容。

项目六
站台屏蔽门设备故障维修

当出现屏蔽门故障时,对乘客安全和列车运行会产生一定影响,而如何减少屏蔽门故障对乘客和列车产生影响是更为重要的环节。因此,掌握屏蔽门的故障应急处理操作是每一位轨道交通行车人员与车站工作人员必需的知识和技能。

| 城市轨道交通站台屏蔽门系统 |

学习目标

1. 掌握屏蔽门操作使用的工具和仪器仪表；
2. 掌握屏蔽门各种突发事故的处理原则和方法；
3. 掌握屏蔽门各种故障出现的原因和处理方法。

列车车门夹物事件

事件经过：

14∶48：IQ247 列车在西单下行出站时，因安全门系统向信号系统反馈安全门打开的信号，信号系统向列车发布紧急制动指令，车头越过停车标一卡车后停车。

14∶51：车站人员现场检查后，确认下行第 15 道安全门处一背包被夹在车门外，在列车车门关闭的情况下无法取出。

14∶53：列车退行后开启车门，乘客将背包拽回车内。

14∶58：列车重启车载信号系统（以下简称 VOBC 系统）后发出。

IQ247 列车在西单站进行站台作业完毕后正常发车，行驶大约 20 m 后列车紧急制动停车。查看信号系统设备的回放记录，在列车发车后，信号系统接收来自安全门系统的安全门开启信号，信号系统将西单站下行站台区域轨道关闭，并取消已经排列好的列车的发出信号，引发列车紧急制动。依据安全门系统的相关记录，在列车发车后安全门系统捕捉到间隔小于 1 s 的安全门打开、闭合信号。依据行车调度员命令，2 名站务人员对安全门及车门情况进行查看。站务人员在第 15 道滑动门处发现 M1 车 A1 门夹住背包，背包是双肩背的样式，颜色为深色，约 A3 纸大小，包不是装满物品的状态，包的厚度约 10 cm，背包带的厚度不足 10 mm。背包的一条背包带已经断掉，与背包一同位于车门和安全门之间，高度约为成年人大腿的高度。背包的另一条背包带被车门夹住，从站台侧未看到用于调整松紧的背包带扣，站务人员判断该背包带扣被夹在车门内侧，从外侧无法将背包取出。

现场处理：

行车调度员安排列车退行对标停车并开启车门。司机使用非限制人工驾驶模式操作列车退行对标停车后打开列车车门，乘客自行将背包收回。随后列车重启 VOBC 系统，重启成功后列车发出。此事件造成：到晚 6 列（5 分以上 2 列），最多晚点 6 min。

项目六　站台屏蔽门设备故障维修

任务一　屏蔽门检修常用工具和仪器仪表

一、屏蔽门检修常用工具

1. 验电器

验电器也称验电笔，俗称试电笔，它是用来检测导线、电器和电气设备的金属外壳是否带电的一种电工工具。

根据外形来分，验电器可分为钢笔式和螺钉旋具式两种；根据测量电压的不同，可分为低压验电器和高压验电器，低压验电器的测量范围为50～250 V。常用验电器如图6-1所示。

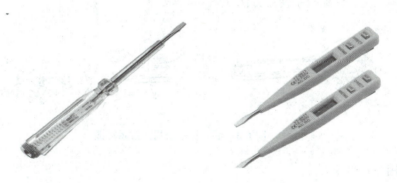

图6-1　常用验电器

验电器的使用方法及注意事项：使用验电器时，以中指和拇指持验电器器身，食指接触器尾金属体或器挂。当带电体与接地之间电位差大于50 V时，氖泡产生辉光，证明有电。人手接触验电器部位一定要在验电器的金属器盖或者器挂上，绝对不能接触验电器的器尖金属体，以免触电。

2. 螺钉旋具与活动扳手

（1）螺钉旋具。

①螺钉旋具使用方法如图6-2所示。

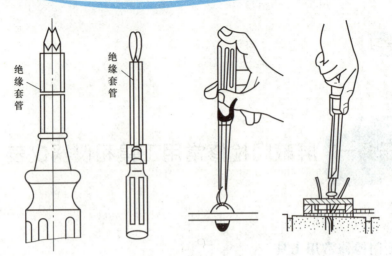

图 6-2　螺钉旋具使用方法

② 使用注意事项。

a. 带电作业时，手不可触及螺钉旋具的金属杆，以免发生触电事故。

b. 不应使用金属杆直通握柄顶部的螺钉旋具。

c. 为防止金属杆触到人体或邻近带电体，金属杆应套上绝缘管。

(2) 活动扳手。

① 使用方法。活动扳手使用方法如图 6-3 所示。

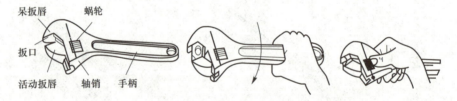

图 6-3　活动扳手使用方法示意图

② 使用注意事项。

a. 活动扳手不可反用，以免损坏活动扳唇。

b. 不可用加力杆接长手柄加大扳拧力矩。

c. 不得当作撬棒和手锤使用。

3. 钢丝钳、尖嘴钳、斜口钳、剥线钳、压接钳

(1) 钢丝钳。

① 使用方法：钢丝钳使用方法如图 6-4 所示。

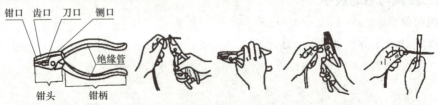

图 6-4　钢丝钳使用方法示意图

②使用注意事项：使用前，应检查钢丝钳绝缘是否良好，以免带电作业，造成触电事故。在带电剪切导线时，不得用刀口同时剪切不同电位的两根线（如相线与零线、相线与相线等），以免发生短路事故。

（2）尖嘴钳。尖嘴钳（图6-5）的头部很尖，适用于狭小的作业空间。钳柄有铁柄和绝缘柄两种。其中，绝缘柄主要用于切断和弯曲细小的导线、金属丝，夹持小螺钉、垫圈及导线等元件，还能将导线端头弯曲成所需的各种形状。

（3）斜口钳。斜口钳的钳柄有铁柄、管柄和绝缘柄三种。电工用带绝缘柄的短斜口线钳，如图6-5所示。

用途：主要用于剪断较粗的电线、金属丝及导线电缆。

图6-5　钢丝钳、尖嘴钳、斜口钳示意图

（4）剥线钳。剥线钳是剥削小直径导线绝缘层的专用工具，如图6-6所示。

图6-6　剥线钳示意图

使用方法：使用时，将要剥削的绝缘层长度用标尺定好后，把导线放入相应的剥线钳刃口（比导线直径稍大），用手将钳柄握紧，导线的绝缘层即被割破，然后剥离绝缘层。

（5）压接钳。压接钳是连接导线与端头的常用工具。采用压接的连接方式，施工方便，接触电阻比较小，牢固可靠。根据压接导线和压接套管的截面面积不同，选择不同规格的压接钳。压接钳的外形结构如图6-7所示。

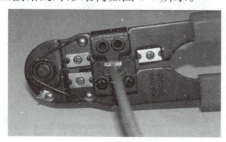 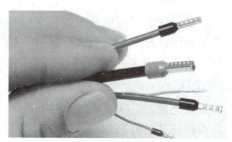

图6-7　压接钳示意图

4. 电烙铁

电烙铁的结构、分类及使用方法如图 6-8 所示。

图 6-8　电烙铁的结构和握法示意图

使用注意事项如下：
（1）使用前应检查电源线是否良好，有无被烫伤。
（2）焊接电子类元件（特别是集成块）时，应采取防漏电等安全措施。
（3）当焊头因氧化而不"吃锡"时，不可硬烧。
（4）当焊头上锡较多、不便焊接时，不可甩锡，不可敲击。
（5）焊接较小元件时，时间不宜过长，以免因热损坏元件或绝缘层。
（6）焊接完毕，应拔掉电源插头，将电烙铁置于金属支架上，防止烫伤或火灾的发生。

5. 玻璃吸盘

玻璃吸盘如图 6-9 所示。

玻璃吸盘的使用方法如下：

（1）用干净的软布擦去不锈钢、瓷砖、玻璃等吸附面上的灰尘、污垢、油污等，安装前必须让吸附面完全干燥。

（2）按住吸盘的中心部位，朝吸附面用力压紧，并将吸盘里的空气排掉。

图 6-9　玻璃吸盘示意图

（3）按住吸盘并将吸盘柄压下，使吸盘更牢固地吸附在吸附面上。

二、屏蔽门检修常用仪表

（一）数字万用表

数字万用表采用了集成电路模数转换器和数显技术，将被测量的数值直接以数字形式显示出来。数字万用表显示清晰直观，读数正确，与模拟万用表相比，其各项性能指标均有大幅度的提高。数字万用表外形如图 6-10 所示。

1. 测量电压

（1）将黑表笔插入 COM 端口，红表笔插入 VΩ 端口。
（2）功能旋转开关打至 V～（交流）、V－（直流），并选择合适的量程。
（3）红表笔探针接触被测电路正端，黑表笔探针接地或接负端，即与被测线路并联。

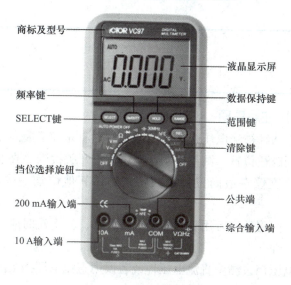

图 6-10　数字万用表外形

（4）读出 LCD 显示屏数字。

2. 测量电阻

（1）关掉电路电源。

（2）选择电阻挡（Ω）。

（3）将黑色测试探头插入 COM 输入插口，红色测试探头插入 Ω 输入插口。

（4）将探头前端跨接在器件两端，或想测电阻的那部分电路两端。

（5）查看读数，确认测量单位——欧姆（Ω）、千欧（kΩ）或兆欧（MΩ）。

3. 测量电流

（1）断开电路。

（2）将黑表笔插入 COM 端口，红表笔插入 mA 或者 20 A 端口。

（3）功能旋转开关打至 A～（交流）、A—（直流），并选择合适的量程。

（4）断开被测线路，将数字万用表串联入被测线路，被测线路中电流从一端流入红表笔，经万用表黑表笔流出，再流入被测线路。

（5）接通电路。

（6）读出 LCD 显示屏数字。

4. 测量电容

（1）将电容两端短接，对电容进行放电，确保数字万用表的安全。

（2）将功能旋转开关打至电容（C）测量挡，并选择合适的量程。

（3）将电容插入万用表 C－X 插孔。

（4）读出 LCD 显示屏数字。

> **小知识**
>
> 电容的单位
> $1\text{ F}=1\times10^3\text{ mF}=1\times10^6\text{ }\mu\text{F}=1\times10^9\text{ nF}=1\times10^{12}\text{ pF}$

5. 数字万用表使用注意事项

（1）如果无法预先估计被测电压或电流的大小，则应先拨至最高量程挡测量一次，再视情况逐渐把量程减小到合适位置。测量完毕，应将量程开关拨到最高电压挡，并关闭电源。

（2）满量程时，仪表仅在最高位显示数字"1"，其他位均消失，这时应选择更大的量程。

（3）测量电压时，应将数字万用表与被测电路并联。测电流时应与被测电路串联，测直流时不必考虑正、负极性。

（4）当误用交流电压挡去测量直流电压，或者误用直流电压挡去测量交流电时，显示屏将显示"000"，或低位上的数字出现跳动。

（5）禁止在测量高电压（220 V 以上）或大电流（0.5 A 以上）时换量程，以防止产生电弧，烧毁开关触点。

（二）钳形电流表

通常用普通电流表测量电流时，需要将电路切断停机后才能将电流表接入进行测量，这是很麻烦的，有时正常运行的电动机不允许这样做。此时，使用钳形电流表就显得方便多了，可以在不切断电路的情况下来测量电流。钳形电流表工作原理如下：

钳形电流表由电流互感器和电流表组合而成。电流互感器的铁心在捏紧扳手时可以张开；被测电流所通过的导线可以不必切断就可穿过铁心张开的缺口，当放开扳手后铁心闭合。穿过铁心的被测电路导线就成为电流互感器的一次线圈，其中通过电流便在二次线圈中感应出电流，从而使二次线圈相连接的电流表便有指示——测出被测线路的电流。钳形电流表可以通过转换开关的拨挡，改换不同的量程，但拨挡时不允许带电进行操作。钳形电流表一般准确度不高，通常为 2.5~5 级。为了使用方便，表内还有不同量程的转换开关供测不同等级电流以及测量电压的功能。钳形电流表外形如图 6-11 所示。

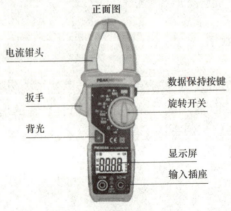

图 6-11　钳形电流表外形图

1. 使用方法

（1）在使用钳形电流表前应仔细阅读说明书，弄清是交流还是交直流两用钳形电流表。

（2）被测电路电压不能超过钳形电流表上所标明的数值，否则容易造成接地事故，或者引起触电危险。

（3）钳形电流表每次只能测量一相导线的电流，被测导线应置于钳形窗口中央，不可以将多相导线都夹入窗口测量。

（4）使用高压钳形电流表时应注意钳形电流表的电压等级，严禁用低压钳形电流表测量高电压回路的电流。用高压钳形表测量时，应由两人操作，测量时应戴绝缘手套，站在绝缘垫上，不得触及其他设备，以防止短路或接地。

（5）观测表计时，要特别注意保持头部与带电部分的安全距离，人体任何部分与带电体的距离不得小于钳形电流表的整个长度。

（6）在高压回路上测量时，禁止用导线从钳形电流表另接表测量。测量高压电缆各相电流时，电缆头线间距离应在 300 mm 以上，且绝缘良好，待认为测量方便时，方能进行。

2. 注意事项

（1）被测线路的电压要低于钳形电流表的额定电压。

（2）测量低压可熔保险器或水平排列低压母线电流时，应在测量前将各相可熔保险或母线用绝缘材料加以保护隔离，以免引起相间短路。

（3）钳口要闭合紧密不能带电换量程。

（4）当电缆有一相接地时，严禁测量。防止出现因电缆头的绝缘水平低发生对地击穿爆炸而危及人身安全。

（5）测高压线路的电流时，要戴绝缘手套，穿绝缘鞋，站在绝缘垫上。

（6）钳形电流表测量结束后把开关拨至最大量程挡，以免下次使用时不慎过流，并应保存在干燥的室内。

（三）兆欧表

1. 使用方法

（1）兆欧表的选择：主要是根据不同的电气设备选择兆欧表的电压及其测量范围。对于额定电压在 500 V 以下的电气设备，应选用电压等级为 500 V 或 1 000 V 的兆欧表；额定电压在 500 V 以上的电气设备，应选用 1 000～2 500 V 的兆欧表。

（2）测试前的准备：测量前将被测设备切断电源，并短路接地放电 3～5 min，特别是电容量大的，更应充分断电以消除残余静电荷引起的误差，保证正确的测量结果以及人身和设备的安全；被测物表面应擦干净，绝缘物表面的污染、潮湿，对绝缘的影响较大，而测量的目的是了解电气设备内部的绝缘性能，一般都要求测量前用干净的布或棉纱擦净被测物，否则达不到检查的目的。

兆欧表在使用前应平稳放置在远离大电流导体和有外磁场的地方；测量前对兆欧表本身进行检查。开路检查，两根线不要绞在一起，将发电机摇动到额定转速，指针应指在"∞"位置。短路检查，将表笔短接，缓慢转动发电机手柄，看指针是否到"0"位置。若零位或无穷大达不到，说明兆欧表有毛病，必须检查接线。一般兆欧表上有三个接线柱，"L"表示"线"或"火线"接线柱；"E"表示"地"接线柱；"G"表示屏蔽接线柱。一般情况下，使用"L"和"E"接线柱，用有足够绝缘强度的单相绝缘线将"L"和"E"分别接到被测物导体部分和被测物的外壳或其他导体部分（如测相间绝缘）。

在特殊情况下，如被测物表面受到污染不能擦干净、空气太潮湿，或者有外电磁场干扰等，就必须将"G"接线柱接到被测物的金属屏蔽保护环上，以消除表面漏电流或干扰对测量结果的影响。

（3）测量：摇动发电机使转速达到额定转速（120 r/min）并保持稳定。一般采用 1 min 以后的读数为准，当被测物电容量较大时，应延长时间，以指针稳定不变时为准。

（4）拆线：在兆欧表没停止转动和被测物没有放电以前，不能用手触及被测物和进行拆线工作，必须先将被测物对地短路放电，再停止兆欧表的转动，防止电容放电损坏兆欧表。

（5）测量电动机的绝缘电阻时，E端接电动机的外壳，L端接电动机的绕组。

2. 注意事项

（1）兆欧表测量电器绝缘时应注意以下事项：

①兆欧表使用时必须平放。

②兆欧表转速为 120 r/min。

③自查：

a. 开路试验，兆欧表转数达到 120 r/min，指针应在"∞"处。

b. 短路，慢慢地转动兆欧表，指针应在"0"处。

④电动机的绕组间、相与相、相与外壳的绝缘电阻应≥0.5 MΩ。移动电动工具的绝缘电阻为 22 MΩ。

⑤测量线路绝缘时：相与相≥0.38 MΩ、相与零≥0.22 MΩ。

⑥中、小型电动机一般选用 500～1 000 型。

⑦若测得这相电阻是零，说明这相已短路。

⑧若测得这相电阻是 0.1 MΩ 或 0.2 MΩ，则说明这相绝缘电阻性能已降低。

⑨电气设备的绝缘电阻是越大越好。兆欧表外观示意图如图 6-12 所示。

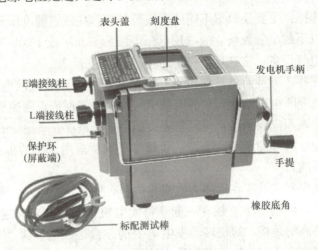

图 6-12 兆欧表外观示意图

（2）使用过程中的注意事项：

①观测被测设备和线路是否在停电的状态下进行测量；兆欧表与被测设备之间的连接导线不能用双股绝缘线或绞线，应用单股线分开、单独连接。

②将被测设备与兆欧表正确接线。摇动手柄时，应由慢渐快至额定转速 120 r/min。

③正确读取被测绝缘电阻值。同时，应记录测量时的温度、湿度、被测设备的状况等，以便于分析测量结果。

④兆欧表未停止转动之前或被测设备未放电之前，严禁用手触及兆欧表，防止人身触电。

（四）蓄电池内阻检测仪

便携式蓄电池内阻检测仪，又叫作"蓄电池内阻检测仪"或"蓄电池内阻测试仪"。在目前的手持式蓄电池内阻检测产品中具有独特的性能和科学的测试方法，具有蓄电池在线检测产品的检测功能，有强大的软件分析功能、数据处理功能、存储功能，是人工维护电源的专业检测仪表。它可以用于电力、通信、交通、金融、蓄电池生产企业、电动车生产厂、玩具厂、汽车修理的蓄电池质量检验，为蓄电池配组提供依据。

1. 主要功能

（1）在线测量电池的电压、内阻等参数。

（2）电池内阻、电压超限报警。

（3）电池参数全部按分组编号，便于数据管理。

（4）配套强大的计算机电池状态智能分析软件，实现对电池的"病历"跟踪分析。

2. 使用方法

（1）直流测试：利用蓄电池放电给测试仪器，测量出加在蓄电池内阻上的压降，然后除以放电电流得出蓄电池内阻，一般的测试电流都很大，达到 50～80 A。其优点是测试准确、一致性好。其缺点是测试电流大，必须把探头与蓄电池极柱稳定连接，如果接触不好会打出电弧，存在安全隐患。

（2）交流测试：测试仪器会在蓄电池两端加一个已知频率和振幅的交流电压信号，测量出与电压同相位的交流电流值，其交流电压分量与交流电流的比值即电池的内阻。

优点：测试方法简单，不会影响蓄电池的工作状态，也不会产生安全隐患。

缺点：存在易受充电器纹波电流和其他噪声源干扰的问题；有些设备不能在线（连接充电器和负载，并处于浮充状态）对电池进行测试；使用频率为 60 Hz 或 50 Hz 的交流测试电流更不可取，因为这是充电器纹波和噪声源的主要频率。

蓄电池内阻检测仪外观如图 6-13 所示。

3. 使用注意事项

传统的蓄电池容量检测方法是进行整组核对性放电，即把蓄电池组连接到负载箱，然后进行放电，一直放到截止电压（没电）为止，来验证蓄电池的容量，但是这种方法有很多隐

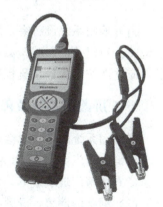

图 6-13　蓄电池内阻检测仪

患和缺点：

（1）放电时间长，风险大，电池组须脱离系统，蓄电池组所存储的化学能全部以热能形式消耗掉，既浪费了电能又费时费力，效率低。

（2）进行核对性放电试验，必须具备一定条件。首先，尽可能在市电基本保障的条件下进行；其次，必须有备用电池组。

（3）核对放电只能测试整组电池容量，不能测试每一节单体电池容量，以容量最低的一节作为整组容量，而其他部分电池由于放电深度不够，其劣化或落后程度还不能完全充分暴露出来。

（4）有损蓄电池的容量。由于蓄电池的内部化学反应不是完全可逆的，全深度循环放电的次数是有限的，因此不适宜对铅酸蓄电池频繁进行深放电。但是间隔时间过长，两次核对之间的蓄电池的状态是不确定的。蓄电池的容量下降到80%以下后，蓄电池便进入急剧的衰退状况，衰退期很短，可能在一次核对放电后几个月就失效，而在剩下的时间内电池组已存在极大的事故隐患。

1. 简述各种工具的使用场合。
2. 简述各种工具的使用注意事项。

任务二 屏蔽门故障应急处理操作

当屏蔽门系统设备突发故障时，各站务人员的应急处理是为了能及时组织抢险，最大限度地减少对运营的影响，减少公司的经济损失，保障人员安全。屏蔽门故障进行应急处理后，应立即按事故信息流程通知维修人员进行故障排除。

一、屏蔽门系统故障的安全隐患

屏蔽门系统故障主要会带来下列安全隐患：
（1）屏蔽门突然开关，导致乘客跌落站台。
（2）屏蔽门玻璃脱落，玻璃碎渣砸伤乘客或者掉入轨道影响行车安全。
（3）屏蔽门倒塌，导致乘客跌落站台。
（4）屏蔽门漏电，导致乘客触电。
（5）屏蔽门门槛突起，导致乘客上下车时被绊倒。

(6) 应急门无法打开，紧急情况下导致疏散受阻。

(7) 滑动门无法打开，影响乘客上下车，导致列车晚点。

(8) 端头门被列车进入站台时产生的气压推倒，使得乘客和站务人员掉下路轨，造成伤亡。

(9) 屏蔽门振荡，导致列车与屏蔽门碰撞，造成乘客及员工受伤或死亡。

(10) 屏蔽门燃烧冒烟，导致站台失火，引起人员伤亡。

(11) 乘客被屏蔽门和车门夹住或撞击，正常情况下影响乘客上下车，延误列车运行；紧急情况下延误疏散。

(12) 屏蔽门在无列车进入站台时开启，导致乘客或员工跌入轨道。

二、屏蔽门系统故障的处理原则和方法

(1) 发生屏蔽门故障时，应坚持"在确保安全前提下，先发车后处理"的原则，当无法隔离（旁路）时，应先发车再处理。

(2) 与信号系统联锁后，在 RM、SM、ATO 模式下屏蔽门均可实现与车门同步开关；在反方向运行及 URM 模式下，必须使用 PSL 开关屏蔽门。

(3) 故障屏蔽门断电不能代替隔离（旁路）。

(4) 因屏蔽门故障影响列车接发时，首列车接发不需使用互锁解除，后续列车（即自第二列起）使用互锁解除接发车。

(5) 操作尾端 PSL 仅是在钥匙断在头端墙 PSL 锁孔时使用。

(6) 对不能关闭的单个或多个滑动门，必须设置安全防护挡或安排专人看护。专人看护时，原则上每个人可监护五挡相邻屏蔽门。

(7) 整侧屏蔽门不能开关时，车站安排不少于 3 人到现场支援。

(8) 当一节车厢对应屏蔽门全部不能正常开启时，需至少手动打开一挡滑动门，并将其隔离（旁路）和断电，引导乘客上下车。

(9) 故障屏蔽门修复后，由行车调度员负责组织，司机配合，利用下一列车进行一次相应侧的屏蔽门开关门试验。

(10) 在无列车停靠站台需要人工手动打开单个或多个屏蔽门时，车站必须征得行车调度员同意，先将门隔离（旁路）和根据设备类型情况关闭电源，并密切注意 PIS 系统显示列车到站时间；当显示"列车即将到达"信息时必须停止操作。

(11) 车站屏蔽门备用钥匙要求统一放在监控室，站台岗站务员（或站台保安）（以下简称站台岗）负责保管。

(12) 对已开启的屏蔽门进行断电前，须征得行车调度员同意，并按压紧急停车按钮防护。

(13) 就地操作 PSL 的技术要求：

①开门时，要在"门关闭"位置停顿 1 s，再打到"门打开"位置，并在"门打开"位置保持 5 s，确保屏蔽门全部打开；

②关门时，要在"门关闭"位置保持 5 s，确保门全部关闭，屏蔽门 PSL "ASD/EED 门关闭"绿灯亮后，才可将钥匙回到禁止位置，拔出钥匙。

三、屏蔽门系统故障应急处理程序

1. 列车到站后，一道或多道滑动门不能正常打开

（1）司机发现屏蔽门故障，做好乘客广播，报告行车调度，并通知车站站务人员，如有必要，适当延长停站时间。

（2）站台站务人员发现两道及两道以下屏蔽门不能打开或门头指示灯报警时，立即将故障门单元LCB开关转到"手动关门"位置，打开屏蔽门，引导乘客从正常滑动门上下车。

（3）站台站务人员发现三道及三道以上屏蔽门不能打开或门头指示灯报警时，立即将故障门单元LCB开关转到"手动开门"位置；如打不开，则使用三角钥匙手动打开屏蔽门，但应保证相邻屏蔽门不能连续关闭两对，打开屏蔽门，引导乘客上下车。

（4）乘客上下完毕后，站台站务人员确认屏蔽门站台安全后，向司机显示"好了"信号。

（5）司机观察头端就地控制盘确认"门全关且锁紧"灯是否点亮，如点亮，列车离站；如不点亮，报行车调度同意后，确认站台安全的情况下，站务人员使用互锁解除发车。

（6）待列车发车后，站台站务人员张贴故障告示；对开启的滑动门，加强防护（图6-14）。

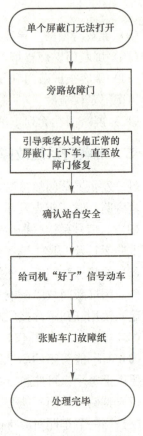

图6-14 单个屏蔽门不能开启的处理

2. 列车发车前，一道或多道滑动门不能正常关闭

（1）司机发现屏蔽门故障，做好乘客广播，报告行车调度，并通知车站站务人员，如有必要，适当延长停站时间。

（2）站台站务人员发现两道及两道以下滑动门不能关闭或门头指示灯报警时，引导乘客上下车后，立即将故障门单元LCB开关打至"手动关门"位置，如不能关闭，则手动关闭滑动门。站台站务人员确认屏蔽门站台安全后，向司机显示"好了"信号，司机观察头端PSL确认"门全关且锁紧"灯是否点亮，如点亮，列车离站；如不点亮，报行车调度同意后，确认站台安全的情况下，站务人员使用互锁解除发车。

（3）出现多道滑动门无法关闭时，站台站务人员将故障门单元LCB开关转到"手动关门"位置，如不能关闭，则手动关闭滑动门，但应保证相邻屏蔽门不能连续关闭两对，报行车调度，确认站台安全后向司机显示"好了"信号，按行车调度指令，使用互锁解除发车。

（4）待列车发车后，站台站务人员张贴故障告示，对处于开启状态的滑动门加强防护。

3. 整侧滑动门不能开启和关闭

（1）在列车进站后，系统级控制（即信号系统）对屏蔽门开启和关闭操作失效。

①司机操作PSL控制开关屏蔽门。

项目六 站台屏蔽门设备故障维修

②司机操作 PSL 控制关闭屏蔽门后，观察头端 PSL 确认"门全关且锁紧灯"是否点亮，如点亮，列车离站；如不点亮，报行车调度，站务人员确认站台安全的情况下，按行车调度指令，使用互锁解除发车。

（2）使用 PSL 不能打开整侧滑动门。

①司机发现屏蔽门故障，立即报行车调度并告知车站人员，做好乘客广播。

②站台站务人员视客流情况决定开启屏蔽门的数量，立即操作故障门单元 LCB 开关转到"手动开门"位置，如不能打开，则手动开启滑动门，但要保证每节车厢不少于一道滑动门，同时做好现场防护。

③站台站务人员引导乘客从已开启门上下车。

④乘客上下完毕、站台站务人员确认屏蔽门站台安全后，向司机显示"好了"信号，按行车调度指令，使用互锁解除发车。

⑤司机凭行车调度指令，确认互锁解除指示灯点亮和站台人员"好了"信号后，发车。

⑥站台站务人员操作"互锁解除"接发后续列车。

⑦后续列车司机按行车调度指令进站，并做好乘客广播，通知乘客从已开启的屏蔽门上下车，适当延长停站时间，凭行车调度指令，确认互锁解除指示灯点亮和站台人员"好了"信号后，发车。

（3）使用 PSL 不能关闭整侧滑动门。

①司机发现屏蔽门故障，做好乘客广播，报告行车调度，并通知站台站务人员。

②站台站务人员将故障门单元 LCB 开关转到"手动关门"位置，如不能关闭，则手动关闭滑动门，但应保证相邻屏蔽门不能连续关闭两对。

③站台站务人员组织人员对开启的滑动门进行安全防护，确认屏蔽门站台安全后，向司机显示"好了"信号，经行车调度同意后，在确认站台安全的情况下，操作"互锁解除"发车。

4. 屏蔽门无全关且锁紧信号

列车进站发生自动停车或紧急制动，出站发生紧急制动或无法出站。

（1）司机立即通过信号屏查看是否有屏蔽门故障信息，若有故障信息，立即报行车调度，并通知站务人员。

（2）站台站务人员接报后立即确认站台屏蔽门状态，向行车调度报告。

（3）站台站务人员按行车调度要求确认屏蔽门站台安全后，操作"互锁解除"接发列车。

（4）司机按行车调度指令确认站台安全时，限速 25 km/h 进站或出站。

（5）后续列车站台站务人员使用"互锁解除"接发车。

5. 屏蔽门玻璃破裂或破碎

（1）当屏蔽门玻璃破碎时，如果列车准备进站，则应立即按压站台紧急停车按钮，并报告行车调度。

（2）如为滑动门破裂，应将破裂门打至"手动关门"位置，使破裂的滑动门处于关闭状态，操作"手动开门"打开相邻的两道滑动门（如为 1—1 滑动门破裂，则打开 1—2 滑动门；6—4 滑动门破裂，则打开 6—3 滑动门），及时用透明胶带按先横后竖的顺序，将破裂玻璃表面粘满。透明胶带粘贴完毕后，将破裂滑动门保持常开，并在确保安全的前提下，将

125

相邻的两道滑动门恢复自动位置,同时做好安全防护工作,安排人员在故障处站岗监护,以防止乘客或物品掉入轨道。

（3）若固定门破裂,应将相邻两对滑动门处于"手动开门"状态并保持常开,做好固定门安全防护,安排人员在故障站台站岗监护。

（4）若端门破裂,应将端门保持常开,并指派人员监护。

（5）若应急门破裂,将该应急门关闭,操作相邻两侧滑动门 LCB 钥匙开关"手动开门"位置,打开滑动门进行泄压,确认"关闭且锁紧"信号正常,如无"关闭且锁紧"信号,则在 PSL 处操作互锁解除。

（6）列车准备出站时,站台岗应确认站台安全后显示"好了"信号,指示司机动车。

（7）若门玻璃已破碎并掉下,将站台破碎玻璃清理完毕,防止玻璃碎片掉入轨行区;若碎玻璃掉进轨道影响列车运行,则应立即提报行车调度,并及时进行清理。

（8）行车调度根据屏蔽门的破损情况,如有必要,则要求司机降低列车进出站速度。

（9）应保护好车站现场,协助维修部门进行维修和查看录像。

6. 屏蔽门夹人、夹物应急处理程序

屏蔽门夹人、夹物应急处理程序如图 6-15 所示。

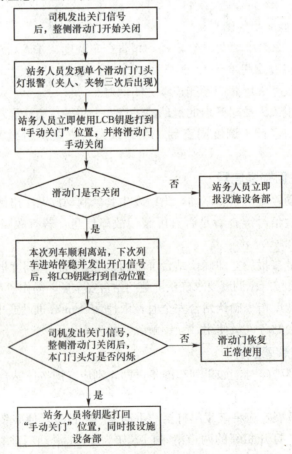

图 6-15　屏蔽门夹人、夹物应急处理程序

7. 整侧滑动门关闭后，动车前整侧或部分滑动门自动打开

（1）司机发现屏蔽门故障后报站务人员及行车调度，行车调度通知站务人员到头端 PSL 处协助处理。

（2）站务人员到列车头端司机立岗处使用 PSL 关门，整侧滑动门关闭，此时 PSL 操作允许转换钥匙开关不要转到"自动"位置。

（3）待屏蔽门关闭后，司机按规定发车。

（4）待列车尾部越过出站信号机，完全离开车站后，将 PSL 操作允许转换钥匙开关恢复到"自动"位置，拔出钥匙。

（5）站务人员在端门处观察下一趟列车关门情况，若后续列车仍存在同样问题时，继续协助司机操作屏蔽门。

（6）对于列车离站后，PSL 操作允许转换钥匙开关转至"自动"位置屏蔽门仍自动打开的，需要一直将 PSL 操作允许转换钥匙开关保持在"PSL 允许"位置，列车到站后利用 PSL 开关屏蔽门。

8. 应急门/端门被活塞风吹开

将被吹开的应急门（或端门）关闭，并操作相邻一侧滑动门 LCB 钥匙开关到"手动关门"位置，即面对应急门（或端门）。若应急门（或端门）左扇被活塞风吹开时，则操作左侧应急门（或端门）相邻滑动门到"手动关门"位置；若应急门（或端门）右扇被活塞风吹开时，则操作右侧应急门（或端门）相邻滑动门到"手动关门"位置。确认"关闭且锁紧"信号是否正常，若显示不正常，则操作 PSL "互锁解除"，并在现场防护，防止应急门未锁紧，而再次打开。

9. 具备自动折返功能的车站屏蔽门

（1）当一侧站台列车进站发生自动停车或紧急制动，出站紧急制动或无法出站时，司机立即报行车调度。

（2）站务人员接报后立即观察该侧站台屏蔽门 PSL 上"门全关且紧急指示灯"状态，如 PSL 上"门全关且紧急指示灯"不亮，则按行车调度要求确认屏蔽门站台安全后，操作"互锁解除"接发列车；如该侧站台屏蔽门 PSL 上"门全关且紧指示灯"点亮，则观察另外一侧站台屏蔽门状态。

（3）如另外一侧站台屏蔽门处于乘客上下车的开关期间，则等待另外一侧站台屏蔽门完全关闭后，列车进出站；如另外一侧屏蔽门处于故障状态中，则站务人员按行车调度要求，确认屏蔽门站台安全后，操作"互锁解除"，列车进出站。

1. 屏蔽门系统可能会出现哪些故障？会带来哪些安全风险？
2. 当有一道滑动门出现故障时应进行怎样的操作？
3. 当有多道滑动门出现故障时应进行怎样的操作？
4. 当玻璃破碎时应进行怎样的操作？

任务三　屏蔽门系统故障诊断与维修

屏蔽门系统是机电一体化设备。机械、电气、软件等各个组成部分要经过充分的论证、分析、试验才能形成最终的产品。通常在地铁屏蔽门系统的制造商、安装单位都有成功的屏蔽门制造、使用业绩和经验。一般认为，只要严格遵守使用、操作规程，定期保养维护，屏蔽门系统很少出现故障。

当出现屏蔽门故障时，对乘客安全和列车运行会产生一定影响，而如何减少屏蔽门故障对乘客和列车产生影响是更为重要的环节。因此，掌握屏蔽门的故障应急处理操作是每一位轨道交通行车人员与车站工作人员必备的知识和技能。屏蔽门的故障应由相关专业人员进行分析、检测与维修。

当由屏蔽门控制系统导致列车紧停故障发生时，维修人员可按以下步骤进行处理：

（1）通过屏蔽门监控系统 PSA 查看各个门的状态是否正常。红色为故障门，绿色为正常门，黄色为隔离门。同时查看 PSA 记录，可以初步判断故障源。

（2）通过屏蔽门站台操作盘 PSL 上的指示灯查看安全回路状态。亮灯代表该侧屏蔽门安全回路接通，各门单元关闭锁紧状态正常。

（3）检查屏蔽门控制室端子排情况。如西屋屏蔽门系统 PSL 处的门关好时"关闭锁紧"指示灯没有点亮，到屏蔽门控制室用数字万用表测量主端子排的 82″、84″端子电压，应为 DC60 V。如果正常，则检查 ATC 板的 5″、8″端子是否在门关好时为 DC60 V；如果不正常，则转向检查 ATC 板。

机电产品的故障可分为机械故障和电气故障两大类。屏蔽门的常见故障有滑动门动作故障、门体分中不对称故障、安全回路故障、电源故障、无法联动等，见表 6-1。

表 6-1　屏蔽门的常见故障

序号	故障现象	原因	判断及排除方法
1	滑动门打开时，靠近电动机侧的门扇有跳动	电动机输出轴和丝杆不同轴	调整电动机支架，保证电动机输出轴与丝杆同轴
2	滑动门不运动，但电动机转动	鼓型齿断裂	更换鼓型齿
		鼓型齿上的螺钉松脱	紧固螺钉
3	应急门/端头活动门无法打开	应急门和活动门门锁故障	维修门锁
4	应急门/端头活动门在开关过程中，其下部的锁舌摩擦站台面	应急门/端头活动门下垂	调整应急门/端头活动门，保证其到门槛面的距离为 10 mm
		应急门/活动门下部的锁舌脱落	维修门锁
5	滑动门关到位和开到位时，门扇左右晃动	丝杆螺母副磨损严重，导致丝杆螺母副与丝杆之间的间隙较大	更换新的丝杆螺母副

项目六　站台屏蔽门设备故障维修

续表

序号	故障现象	原因	判断及排除方法
6	滑动门运动不连续并带有异常噪声	门控器的系统参数丢失	将门控器断电再上电，上电后按住门控器白色维护按钮恢复出厂参数，当滑动门关闭到位后松开按钮
		电动机损坏	更换电动机
7	滑动门关到位时不停止，且门开到位时有严重撞击现象	门到位开关未被压下	调整门到位开关的位置，保证滑动门关闭时开关被压下
		门到位开关损坏	更换门到位开关
8	滑动门处于打开状态且不响应外部关门信号	门控器（EDCU）未上电	门控器（EDCU）上电
		电动机损坏	更换电动机
		模式转换开关处于隔离或手动状态	模式转换开关打到自动位置
9	滑动门不响应外部开门信号	门控器（EDCU）未上电	门控器（EDCU）上电
		电动机损坏	更换电动机
		模式转换开关处于隔离或手动状态	模式转换开关打到自动位置
10	滑动门在关到位处重复开门动作，但无法开门	电磁铁电缆接头处接触不可靠或接线断路	检查电磁铁接线
		电磁铁损坏	更换电磁铁
		门控器控制电磁铁的输出口损坏	更换门控器
11	维护罩上状态指示灯不亮	门控器控制状态指示灯的输出口损坏	更换门控器
		状态指示灯损坏	更换状态指示灯
12	维护罩上状态指示灯常亮	门控器控制状态指示灯的输出口损坏	更换门控器
13	蜂鸣器不鸣叫	门控器控制蜂鸣器的输出口损坏	更换门控器
		蜂鸣器损坏	更换蜂鸣器
14	蜂鸣器常鸣	门控器控制蜂鸣器的输出口损坏	更换门控器
15	当所有滑动门关闭到位后，ASD/EED 关闭到位指示灯不亮	指示灯损坏	更换指示灯
		ASD 未锁闭到位	从车控室的监控软件上查明未锁闭单元，隔离该单元并请专业人员进行现场维护
		EED 未锁闭到位	从车控室的监控软件上查明未锁闭单元，站台工作人员按照应急门操作要求将 EED 锁闭到位，若未能解决，报请专业人员进行现场维护
16	模式转换开关处于隔离位置，滑动门仍响应开关门动作	模式转换开关损坏	更换模式转换开关

129

续表

序号	故障现象	原因	判断及排除方法
17	模式转换开关处于手动位置，旋转 LCB 盒上维护开关，滑动门不响应开关门动作	模式转换开关损坏	更换模式转换开关
		LCB 盒上的维护开关损坏	更换 LCB 盒上的维护开关
18	当 PSL 操作允许信号有效时，操作 PSL 互锁解除钥匙开关，互锁解除指示灯不亮	互锁解除指示灯损坏	更换互锁解除指示灯
		PSL 互锁解除钥匙开关损坏	更换互锁解除钥匙开关
19	当 PSL 操作允许信号有效时，操作指示灯测试按钮，PSL 面板开/关门操作指示灯未变化	开/关门操作指示灯损坏	更换开/关门操作指示灯
20	操作 IBP 紧急开关旋钮，IBP 面板开/关门操作指示灯未变化	若滑动门 ASD 响应开门动作，则 IBP 开/关门操作指示灯损坏	更换开/关门操作指示灯
		若滑动门 ASD 未响应开门动作，则 IBP 开门按钮损坏	更换 IBP 开门按钮
21	操作指示灯测试按钮，IBP 面板开/关门操作指示灯未变化	开/关门操作指示灯损坏	更换开/关门操作指示灯
22	锁闭故障，电磁铁的锁舌被锁挡干涉落不到位	1. 锁部件动作不灵活导致锁到位开关未有效触发； 2. 锁到位开关损坏	1. 调整锁部件，保证运行顺畅，锁到位开关可靠触发； 2. 更换锁到位开关
23	IBP 无法控制屏蔽门运行	IBP 未上电	IBP 控制微型断路器上电
24	左右滑动门开不到位，开关门正常但开到一大半后门体就不动作，开门曲线故障	防挤压后导致门控器更改动作参数	门控器复位，并检查是否需要重新设置曲线参数
25	给出开门信号后电动锁工作，但门体无开门动作，一直处于关门运动，关到位开关松动，无法触动开关	开关松动导致无法给出关到位信号	调整关到位开关位置
26	单元无法开门，PSL 操作不动作，手动开关门正常，LCB 盒与门控器互联线固定余量过大，与螺母副接触，单元无法开门，PSL 操作不动作，手动开关门正常，开关门时信号线被拉断	布线时未严格按照工艺实施，线缆和丝杆螺母副干涉，导致线缆被拉断，控制失效	重新接线、按接线工艺施工布线
27	第二路电路驱动门不能正常开关，门体无电源供给，检查第二路电源进线，发现松动、上紧后恢复正常	电源系统接线不规范，导致接线松动	按要求整改，保证系统可靠供电

续表

序号	故障现象	原因	判断及排除方法
28	安全回路灯不亮	线路松动脱落，导致安全互锁回路无法连通	重新接线，确保线路连接可靠
29	开门不到位，右门左边边缘与立柱之间有异物导致开门不到位	门体正常开关范围内存在异物，导致门体开门防挤压，无法开门到位	清除异物
30	门到位开关不到位，显示红色	到位开关没有被压合	调整到位开关位置
31	中间支架在开关门时有时会发出异常的摩擦声	中间支架内孔直径超差，轴承跟转	更换。后续站台按图纸公差加工
32	上下行的安全回路灯不亮	安全互锁回路未完全闭合	请检查 ASD 是否全部关闭到位，锁到位开关是否全部压下
33	门控器报 01 短路，蜂鸣器不响，更换蜂鸣器后故障解除	1. 蜂鸣器击穿，门控器会检测到输出口短路； 2. 门控器程序将 05 输出口短路与 04 输出口短路的故障位弄反了	1. 更换蜂鸣器； 2. 更换门控器程序
34	瞭望灯带不亮（检查发现：灯带中灯管短路，灯管烧蚀	灯管内部断路，导致整条灯带失效	更换灯带
35	滑动门无法打开，电磁铁吸合能力不够，电磁铁线被压坏	电磁铁线缆被压断，导致信号传递失效	更换电磁铁，并将损坏电磁铁返修
36	IBP 显示红色，关门锁不到位，调节锁舌与锁挡距离	门到位开关没被压合	调整门到位开关和撞板
37	右门的压条凸起与玻璃有摩擦	属于安装问题，凸起的压条导致滑动门（玻璃）与压条间隙太小	1. 压条重新安装； 2. 调整滑动门，保证滑动门（玻璃）与立柱包边上的胶条间隙 4~6 mm
38	关到位开关不到位引起锁不到位，门控器的故障报警闪烁 8 下，门头指示灯一直在闪烁。故障数据显示到位开关和锁开关不到位，重启门控器后，故障解除	1. 门控器关闭至到位位置时，关门力小，门体未完全关闭到位，导致关到位开关未压合，电磁铁衔铁为落下，锁到位开关未到位； 2. 关到位开关位置太靠后，无法在门体关到位位置触发开关动作	1. 参看门控器参数，是否符合正常开关门要求； 2. 调整关到位开关位置

实训项目一　安全门日常巡查

一、实训目的

通过巡查任务，能够知道安全门控制设备各指示状态含义，了解安全门正常使用状态。

二、实训准备

携带好安全门就地控制盒（LCB）钥匙、就地控制盘（PSL）钥匙、解锁钥匙、《安全门巡查记录表》。

三、实训内容

1. 综控室登记

综控室登记，取得值班站长同意后进入安全门设备用房和端门。

2. 安全门设备用房检查

（1）卫生检查。

（2）安全门设备用房内 PSC 等设备无异常噪声。

（3）在安全门开/关的过程中，观察中央接口盘各指示灯是否正常。

①检查"滑动门手动/隔离模式"指示灯是否正常。

②检查"所有滑动门/应急门、司机门关闭且锁紧"指示灯是否正常。

③检查"滑动门/应急门/司机门开门报警"指示灯显示是否正常。

④检查"滑动门/应急门/司机门关门报警"指示灯显示是否正常。

⑤检查"电源故障"指示灯显示是否正常。

⑥检查"监视系统故障"指示灯显示是否正常。

⑦检查"监控系统故障"指示灯显示是否正常。

⑧检查"滑动门开门"指示灯显示是否正常。

⑨检查"滑动门/应急门/司机门互锁解除报警"指示灯显示是否正常。

⑩检查"滑动门/关门故障"指示灯显示是否正常。

⑪检查"现场总线故障"指示灯显示是否正常。

⑫检查"试灯按钮"操作是否正常。

⑬检查"IBP 命令执行故障"指示灯显示是否正常。

⑭检查"全部滑动门/应急门/司机门锁闭"指示灯显示是否正常。

⑮检查"PSD 测试转换"钥匙开关在"打开"位置。

⑯检查中央接口盘的蜂鸣器外观是否完好，功能是否正常。

⑰检查中央接口盘的复位按钮外观是否完好，功能是否正常。

3. 安全门门体检查

（1）检查端门的开/关功能是否正常，门状态指示灯显示是否正常。

（2）检查安全门系统所有门体完好，玻璃有无划伤。检查整列滑动门的运行状态，门状态指示灯能否正常指示门扇工作状态，蜂鸣器是否能正常工作。

（3）检查滑动门地槛、导槽、门柱与滑动门门扇之间是否有障碍物。顶箱盖是否完全关闭。

4. PSL 检查

（1）检查 PSL 各指示灯显示是否正常，试灯按钮功能是否正常。

（2）检查 PSL 钥匙开关灵活可靠。测试 PSL 开/关门、互锁解除功能是否正常。

5. 其他检查

（1）检查安全门灯带是否正常。

（2）检查所有的防夹挡板和防踏空胶条是否正常。

6. 填写安全门巡查记录表

工单编号：　　　　　　　　　　　　　　　　　　　　　　　　车站名称：

检查项目	检查内容与要求	检查结果	备注
PSC	有无异响；在安全门开/关的过程中，观察中央控制盘各指示灯是否正常	□合格 □不合格	
应急门及端门	检查应急门闭锁功能良好，接触可靠，应急门旁路开关功能良好	□合格 □不合格	
应急门及端门	在轨道侧检查手推杆可以开启应急门、端门；在站台侧可以用钥匙开启应急门、端门	□合格 □不合格	
就地控制盘（PSL）	各指示灯显示正常，试灯按钮功能正常	□合格 □不合格	
就地控制盘（PSL）	检查 PSL 钥匙开关灵活可靠。测试 PSL 开/关门、互锁解除功能正常	□合格 □不合格	
其他项目	安全门门体完整，无划痕；滑动门地槛、导槽、门柱与滑动门门扇之间是否有障碍物。顶箱盖完全关闭	□合格 □不合格	
其他项目	安全门灯带正常；所有的防夹挡板和防踏空胶条正常	□合格 □不合格	

巡查人：　　　　　　　　　　　　　　　　　　　　　　　　　巡查日期：

四、实训考核

考核内容	考核标准	得分
准备工作	钥匙携带正确、无遗漏（10 分）	
巡查过程	综控室登记（10 分）	
巡查过程	PSC 检查（20 分）	
巡查过程	安全门门体检查（20 分）	
巡查过程	PSL 检查（20 分）	
巡查过程	其他检查（10 分）	
安全门巡查记录表填写	填写规范，内容真实、完整（10 分）	
合计		

注：各项检查内容完整、操作规范。检查过程中，不能随意拆除安全门相关部件。每一步骤巡查内容需完整，缺失一项扣 5 分。

实训项目二　安全门操作

一、实训目的

通过实训，掌握滑动门、应急门及端门的手动操作，掌握 PSL、LCB 的使用方法。

二、实训准备

携带好安全门就地控制盒（LCB）钥匙、就地控制盘（PSL）钥匙、解锁钥匙。

三、实训内容

1. 手动操作解锁滑动门

若某道滑动门在关闭锁紧的状态下发生故障，使该滑动门不能执行信号系统的开门命令或PSL、IBP、LCB的开门命令，可使用专用钥匙将滑动门打开。

（1）将钥匙插入滑动门锁眼内，逆时针旋转30°，透过门玻璃可看到门内方把手同步转动，直到不能转动为止，此时门已解锁到位。

（2）握住钥匙柄继续拉动滑动门门扇，露出一定缝隙。

（3）取下钥匙收好。

（4）双手握住左右玻璃门扇，向左右分别推开玻璃门扇到全开位，门状态指示灯点亮。

2. 手动操作应急门

（1）将钥匙插入应急门锁眼，左/右扇门钥匙逆时针/顺时针旋转90°，直到不能转动为止，此时门已解锁到位。

（2）握住钥匙柄，略向上方带动应急门，向外拉开至90°开门状态，使其一扇门打开，再伸手从轨道内侧推动另一扇应急门的横向应急推杆，将其向外拉开至90°。

（3）应急门相邻的滑动门上方门状态指示灯点亮。

3. 操作就地控制盘（PSL）

（1）互锁解除：由于信号系统没有收到安全门系统的"所有门关闭且锁紧"信号，导致列车无法自动驶入车站或驶离车站。通过PSL进行"互锁解除"操作。

①将钥匙插入"互锁解除"锁孔，顺时针旋转至解除位，互锁解除报警灯亮。

②人工保持2~8 s后放开，自动复位。

（2）打开/关闭安全门信号系统故障时，需要通过PSL手动打开、关闭上（下）行站台整列滑动门。

①将钥匙插入"正常/关闭/打开"三位置开关锁内。

②转动"正常/关闭/打开"三位置钥匙开关到"开门"位置后，"关闭且锁紧"灯熄灭，站台整列滑动门将打开。

③开门过程中，"开启"灯闪烁，滑动门全打开后，"开启"灯将常亮。

④转动"正常/关闭/打开"三位置钥匙开关到"关门"位置后，关门过程中"开启"灯闪烁，所以滑动门关闭且锁紧后，"开启"灯熄灭，"关闭且锁紧"灯常亮。

⑤门完全关闭后，转动"正常/关闭/打开"三位置钥匙开关到"正常"位置后取走钥匙。

⑥按下测试灯，检查灯亮情况，全亮为正常。

4. 操作就地控制盒（LCB）

以三位置钥匙LCB为例，当某个滑动门在自动模式下不能执行开门或关门命令时：

（1）用安全门方孔钥匙打开滑动门上方的顶盖并支撑牢固。

（2）用专用钥匙将LCB由自动位转动到手动位。

（3）操作该滑动门上方LCB的开门（红）、关门（绿）按钮使滑动门开启或关闭。

（4）滑动门开启或关闭时，门状态指示灯点亮或熄灭。

四、实训考核

考核内容	考核标准	得分
手动操作解锁滑动门	钥匙选用正确（10分）	
	操作规范（15分）	
手动操作解锁应急门	钥匙选用正确（10分）	
	操作规范（15分）	
PSL操作	互锁解除操作正确（15分）	
	开关门操作正确（10分）	
LCB操作	钥匙选用正确（10分）	
	操作规范（15分）	
合计		

注：使用钥匙进行门体开启和关闭操作，最后钥匙一定要复位。每一步骤操作规范，缺失一项扣5分。

实训项目三　安全门故障处理

一、实训目的

通过演练，掌握单对、多对（≥3对）或整列滑动门出现故障（不能开启或关闭）后，站务人员现场处理流程。

二、实训准备

携带手台、就地控制盒（LCB）钥匙、就地控制盘（PSL）钥匙。

三、实训内容

1. 单对滑动门不能正常关闭处理流程

单对滑动门不能正常关闭时，站台岗处理流程如下：

（1）接到值班站长通知后，立即携带专用钥匙前往故障门位置，并将手台调至"正线组"与行车调度员联系。

（2）乘客上下车完毕后，对故障滑动门的LCB进行操作（将LCB钥匙由"自动"转至"手动关门"）。

（3）向行车调度员汇报故障处理情况。

（4）若滑动门未关闭，列车驶离后与行车调度员联系并得到授权，利用列车间隔处置故障：

①确认安全门引导轨处有无障碍物，若有异物，尝试取出。

②若滑动门可以关闭，将LCB钥匙由"手动关门"转至"自动"，留守观察后序两列列车。

③若滑动门无法关闭，则徒手将滑动门关闭，张贴"此门停用"通告，留守等候维修人员。

（5）向行车调度员和值班站长汇报现场情况。

2. 单对滑动门不能正常开启处理流程

单对滑动门不能正常开启时，站台岗处理流程如下：

(1) 接到值班站长通知后，立即携带专用钥匙前往故障门位置，并将手台调至"正线组"与行车调度员联系。

(2) 对故障滑动门的 LCB 进行操作（将 LCB 钥匙由"自动"转至"手动开门"）。

①若"手动开门"能够开启滑动门，则通知行车调度员故障滑动门已"手动"，留守故障滑动门并向值班站长汇报。

②若"手动开门"无法开启滑动门，则将 LCB 钥匙由"手动开门"转向"隔离"，用三角钥匙解锁打开滑动门，通知行车调度员故障滑动门已"隔离"，留守故障滑动门并向值班站长汇报。

(3) 乘客上下车完毕，将 LCB 钥匙置于"手动关门"，向行车调度员汇报故障处理情况。

(4) 若滑动门未关闭，列车驶离后与行车调度员联系并得到授权，可利用列车间隔处置故障：

①确认安全门引导轨处有无障碍物，若有异物，尝试取出。

②若滑动门可以关闭，将 LCB 钥匙由"手动关门"转至"自动"，留守观察后序两列列车。

③若滑动门无法关闭，则徒手将滑动门关闭，张贴"此门停用"通告，留守等候维修人员。

3. 多对（≥3 对）或整列滑动门不能正常关闭处理流程

多对（≥3 对）或整列滑动门不能正常关闭时，站台岗处理流程如下：

(1) 接到值班站长通知后，立即携带专用钥匙前往相应 PSL 位置，并调至"正线组"与行车调度员联系。

(2) 对 PSL 进行操作，将 PSL 钥匙由"正常"转至"手动关门"。

(3) 若滑动门可以关闭，将 PSL 钥匙由"手动关门"转至"正常"。

(4) 若滑动门无法关闭，将 PSL 互锁解除钥匙由"复位"转至"解锁"，直至列车完全出站台后方可松开。

(5) 后续列车进站时依据行车调度员指示，操作互锁解除钥匙由"复位"转至"解锁"，直至列车在站台停稳后方可松开。

(6) 留守等候维修人员。

4. 多对（≥3 对）或整列滑动门不能正常开启处理流程

多对（≥3 对）或整列滑动门不能正常开启时，站台岗处理流程如下：

(1) 接到值班站长通知后，立即携带专用钥匙前往相应 PSL 位置，并调至"正线组"与行车调度员联系。

(2) 对 PSL 进行操作，将 PSL 钥匙由"正常"转至"手动开门"。

(3) 若滑动门可以开启，待乘客上下车完毕后，则将 PSL 钥匙由"手动开门"转至"正常"。

(4) 若滑动门无法开启，则向值班站长汇报，尝试利用 IBP 开启滑动门。

(5) 若仍无法开启滑动门，则手动开启全列滑动门（用专用钥匙将滑动门 LCB 打至"隔离"手动开门）。

（6）待乘客上下车完毕后，将互锁解除钥匙由"复位"转至"解锁"，直至列车完全出清站台后方可松开。

（7）后续列车进站前依据行车调度员指示，操作互锁解除钥匙由"复位"转至"解锁"，直至列车在站台停稳后方可松开。

（8）留守等候维修人员。

四、实训考核

根据实训环境进行安全门故障情景设置，学生5～6人一组，分行调、值班站长、站务员、司机、乘客等角色先完成排练脚本，再结合实训设备完成车门故障处理模拟演练。

考核内容	考核标准	得分
演练方案	方案设计完整、流程正确（15分）	
演练准备	角色分配合理（10分）	
	工具选用正确（10分）	
演练过程	各岗位工作人员按章操作（20分）	
	信息沟通完整（15分）	
	语言表达流畅（15分）	
	成员配合默契（15分）	
合计		

模拟练习

屏蔽门故障模拟演练

一、演练背景

事件或故障设置方法	模拟整侧屏蔽门无法打开，单挡屏蔽门无法打开，单挡屏蔽门无法关闭，在BAS、MCP盘中显示相应故障信息
演练步骤简要介绍	1. 列车到达本站上行线，整侧屏蔽门无法打开，车站组织应急处理； 2. 开启屏蔽门时一挡滑动门无法打开，车站组织应急处理； 3. 抢修人员查找故障原因，修复屏蔽门
启动何种应急处理程序	《屏蔽门故障应急处理程序》

二、演练目的

检验的预案	《屏蔽门故障应急处理程序》
检验能力	1. 检验学员模拟各车站岗位人员，面对车站机电设备故障后的应急处理协调能力； 2. 检验学员对应急信息报告传递的掌握情况

三、演练组织

演练岗位	工作地点	人员数量	负责内容
值班站长	站台	1	负责现场应急处理指挥
行车值班员	车控室	1	负责信息通报及监控
客运值班员	站台	1	协助值班站长到现场故障处理
站务员	站台	1	现场进行故障处理
站台保安	站台	2	现场进行故障处理
组长		1	负责组员安排和演练组织
观察员		1	负责发现本组演练中的问题，及时总结并汇报

四、演练步骤

（1）情境描述：列车进站停稳，开启车门、屏蔽门，但整侧屏蔽门没有开启，司机使用PSL手动操作仍无法开启，立即用直通电话报告车控室。

顺序	岗位	处理程序
1	站台保安	站台保安发现列车进站停车后屏蔽门没打开，立即报告车控室并赶到司机处了解情况，接到行车值班员指令后立即按每节车厢至少开启一挡门的原则，就地开启屏蔽门
2	行车值班员	行车值班员接到司机的报告后，立即报值班站长，指示站台保安按每节车厢至少开启一挡门的原则，就地开启屏蔽门。报行车调度员、维修调度员
3	值班站长	值班站长接报后，立即要求客运值班员、厅巡、站厅保安到现场支援，按每节车厢至少开启一挡门的原则，就地开启屏蔽门
4	客运值班员	客运值班员接报后立即到现场支援，按每节车厢至少开启一挡门的原则，就地开启屏蔽门
5	厅巡	厅巡接报后立即到现场支援，按每节车厢至少开启一挡门的原则，就地开启屏蔽门
6	站厅保安	站厅保安接报后立即到现场支援，按每节车厢至少开启一挡门的原则，就地开启屏蔽门

（2）情境描述：乘客上车。

顺序	岗位	处理程序
1	行车值班员	行车值班员手动开启屏蔽门后，将P盘"所有门关闭且锁紧"灯的状态及车站后续处理及时通报行车调度员
2	值班站长	值班站长引导乘客从开启的屏蔽门上车
3	客运值班员	客运值班员引导乘客从开启的屏蔽门上车
4	厅巡	厅巡引导乘客从开启的屏蔽门上车
5	站厅保安	站厅保安引导乘客从开启的屏蔽门上车
6	站台保安	站台保安引导乘客从开启的屏蔽门上车。乘客上车后，向司机显示"好了"信号
7	行车值班员	行车值班员人工广播指引乘客从已开启的屏蔽门上车

（3）情境描述：确认站台安全，做好人工看护，向司机显示"好了"信号动车。

顺序	岗位	处理程序
1	站台保安	确认站台安全，做好人工看护，向司机显示"好了"信号动车。对乘客手动打开的屏蔽门，立即将模式置于"手动开门"位置
2	值班站长	组织人员对开启的滑动门进行安全防护，禁止乘客靠近屏蔽门
3	客运值班员	对开启的滑动门进行安全防护，禁止乘客靠近屏蔽门。对乘客手动打开的屏蔽门，立即将模式置于"手动开门"位置
4	厅巡	对开启的滑动门进行安全防护，禁止乘客靠近屏蔽门；对乘客手动打开的屏蔽门，立即将模式置于"手动开门"位置
5	站厅保安	对开启的滑动门进行安全防护，禁止乘客靠近屏蔽门
6	行车值班员	利用闭路电视监控，并记录列车到发点
7	值班站长	指示站台人员使用互锁解除接发列车
8	站台保安	接车控室命令使用互锁解除接发列车

（4）情境描述：抢修人员到达车站。

顺序	岗位	处理程序
1	行车值班员	行车值班员向行车调度员报告抢修人员已到达车站，并要点处理
2	值班站长	值班站长向抢修人员描述故障现象，由抢修人员进行故障处理
3	客运值班员	做好人工看护
3	厅巡	做好人工看护
3	站厅保安	做好人工看护
3	站台保安	做好人工看护

五、总结分析

观察项目	时间记录	观察员意见
接到屏蔽门故障报告的时间		
报告值班站长的时间		
报告行车调度员的时间		
报告维修生产调度的时间		
报告站长的时间		
完成屏蔽门故障应急处理的时间		
抢修人员到达现场的时间		
接到确认故障修复的时间		
故障设备恢复正常运行报告行车调度员的时间		

思 考

1. 滑动门处于打开状态且不响应外部关门信号可能是出现什么故障？
2. 滑动门在关到位处重复开门动作，但无法开门可能是出现什么故障？
3. 当所有滑动门关闭到位后，ASD/EED 关闭到位指示灯不亮可能出现了什么故障？

课后练习

一、选择题

1. 屏蔽门系统故障处理原则是（　　）。
   A. 快速维修　　　　　　　　　　　B. 先发车后处理
   C. 先对滑动门进行维修　　　　　　D. 先处理后发车

2. 滑动门打开时，靠近电机侧的门扇有跳动是发生了（　　）故障。
   A. 电机损坏　　　　　　　　　　　B. 丝杆断裂
   C. 滚轮脱落　　　　　　　　　　　D. 电机输出轴和丝杆不同轴

3. 开门不到位，右门左边边缘与立柱之间有异物导致开门不到位应（　　）。
   A. 再开门一次　　B. 将此门隔离　　C. 清除异物　　D. 不需处理

4. 滑动门在关到位处重复开门动作，但无法开门，不可能的故障原因是（　　）。
   A. 电机损坏
   B. 电磁铁电缆接头处接触不可靠或接线断路
   C. 电磁铁损坏
   D. 门控器控制电磁铁的输出口损坏

5. 门控器控制状态指示灯的输出口损坏可能出现的现象是（　　）。
   A. 状态指示灯不亮　　B. 状态指示灯常亮　　C. 蜂鸣器常鸣　　D. 门关不上

二、判断题

1. 故障屏蔽门断电情况下是可以代替隔离的。（　　）
2. 屏蔽门系统非常安全，不会发生任何危险。（　　）
3. 当有一扇滑动门打不开，司机要下车进行处理。（　　）
4. 当应急门（或端门）被风吹开只需要关上就可以了。（　　）
5. 如果整侧滑动门都不能打开，只需要操作IBP盘打开就可以。（　　）

附录一 屏蔽门系统相关缩略语

1. 屏蔽门：简称 PSD。
2. 滑动门：简称 ASD。
3. 固定门：简称 FIX。
4. 应急门：简称 EED。
5. 端门：简称 MSD。
6. 中央控制盘：简称 PSC。
7. 就地控制盘：简称 PSL。
8. 综合后备盘：简称 IBP。
9. 门机控制器：简称 DCU。
10. 单元控制器：简称 PEDC。
11. 就地控制盒：简称 LCB。
12. 不间断电源：简称 UPS。
13. 屏蔽门操作指示盘：简称 PSA。
14. 综合监控系统：简称 ISCS。
15. 信号系统：简称 SIG。

附录二　城市轨道交通站台屏蔽门系统课程标准

课程代码	PG0251221002	课程类别	专业课程
课程类型	理实一体课程	课程性质	必修课程
课程学分	3.5学分	课程学时	56学时
修读学期	第4学期	适用专业	城市轨道交通机电技术
合作开发企业			
执笔人	马骏	审核人	

一、课程定位与设计思路

1. 课程定位

城市轨道交通站台屏蔽门系统课程是城市轨道交通机电技术专业必修的专业核心课程，也是一门实践性强的技术基础课。本课程的作用是通过理论学习、小组活动、课内实践等方式，使学生理解站台安全门系统的概念、分类及其功能，培养学生具有屏蔽门岗位安装调试、运行维护、操作检修、故障处理等能力，为后续课程的学习和职业技能鉴定考核提供必要的基本理论与技能。

前修课程：电工电子基础、网络与通信技术、机械结构分析与设计、城市轨道交通供电技术与应用、城市轨道交通环境控制系统运行与维护。

后续课程：城市轨道交通安全管理、车站综合自动控制模拟实训、电动机调速综合实训、城市轨道交通控制岗位实务。

2 设计思路

通过对专业的工作岗位的分析，确定课程的设计思路：围绕专业岗位所需职业技能要求，根据学生的认知规律和职业能力培养规律，选取典型的学习项目，通过理论学习和实践训练，逐步培养学生的职业工作能力和自主学习能力。

二、课程目标

本课程主要讲授站台安全门系统的基本概念、机械结构、控制及监视系统、故障处理的相关知识，通过理论和实践教学的训练，学生应掌握屏蔽门系统检修工的日常维护内容及维护原则，安全门日常检修内容、要求及流程，培养学生分析实际问题和解决实际问题的能力。

1. 能力目标

（1）掌握安全门系统检修工的日常维护内容及维护原则。

（2）能在实际工作中灵活运用安全门设备维护知识，能够进行简单的维护作业。

（3）了解安全门系统基本操作方法，并掌握故障情况下安全门的应急操作。

（4）了解常见部件的基本操作方法。

(5) 掌握故障情况下安全门的应急操作。
(6) 了解安全门系统较为常见的故障，认识到安全门需要重点检修、保养的部位。
(7) 掌握安全门设备常见故障原因及处理方法。
(8) 具备使用安全门检修工的常用工器具、仪器仪表。
(9) 了解故障原理，并具有举一反三的能力，对未遇到的问题有一定的分析能力。
(10) 了解安全门设备典型故障，掌握对故障的分析和处理能力。

2. 知识目标

(1) 掌握安全门系统概念、功能及种类、技术发展趋势及主要技术标准。
(2) 掌握安全门系统的相关缩略语、主要技术参数。
(3) 掌握安全门系统各部件的基本构成、工作原理及屏蔽门系统与其他设备接口关系。
(4) 掌握安全门系统的控制设备的组成、原理。
(5) 认识并了解安全门检修工的常用工器具、仪器仪表。
(6) 了解故障分析方法。

3. 素质目标

(1) 具有安全生产意识和质量意识，能够自觉遵守安全操作规程。
(2) 具有职业道德、科学严谨的工作态度和社会责任心。
(3) 具有分析问题、解决问题的能力。
(4) 具有团队协作精神。
(5) 具有再学习能力、自我控制和评价能力。
(6) 具有创新意识、节能环保意识。

三、教学内容

根据城市轨道交通机电技术专业对城市轨道交通站台屏蔽门系统运行与维护岗位和能力的要求，本门课程主要选取屏蔽门系统概述、屏蔽门系统设备、屏蔽门设备维护、屏蔽门设备故障分析处理、屏蔽门通用维修工具使用等内容，按照理论结合实践的原则，培养学生的动手能力，提高学生的学习兴趣。设置站台屏蔽门系统认知、站台屏蔽门机械结构学习、站台屏蔽门控制系统学习、站台屏蔽门供电系统及安全防护设施、站台屏蔽门设备操作及维护保养、站台屏蔽门设备故障维修六个项目，具体内容见附表2-1。

附表2-1　教学内容描述

序号	教学内容	技能内容与教学要求	知识内容与教学要求	素质内容与教学要求	学时（理论+实践）
1	站台屏蔽门系统认知	1. 掌握屏蔽门系统的设计。 2. 掌握屏蔽门系统的功能。	1. 了解屏蔽门发展历史。 2. 掌握屏蔽门系统分类。 3. 理解屏蔽门系统基本设计原则。 4. 掌握站台屏蔽门功能。 5. 了解屏蔽门车站布局。	1. 具有分析问题、解决问题的能力。 2. 具有再学习能力、自我控制和评价能力。	6

续表

序号	教学内容	技能内容与教学要求	知识内容与教学要求	素质内容与教学要求	学时（理论＋实践）
2	站台屏蔽门机械结构学习	1. 掌握屏蔽门各部分组成和安装。 2. 掌握屏蔽门安装要求和材料选择	1. 掌握屏蔽门门体结构的组成部分和功能。 2. 掌握屏蔽门门机系统的组成部分和功能。 3. 了解屏蔽门安装要求和材料特点	1. 培养学生严谨踏实和刻苦钻研的良好作风。 2. 培养学生分析问题、解决问题的能力	10＋4
3	站台屏蔽门控制系统学习	1. 掌握屏蔽门各控制模式的使用环境。 2. 掌握屏蔽门控制系统的控制权限	1. 掌握屏蔽门控制系统组成部分及其功能。 2. 掌握屏蔽门控制系统的控制模式。 3. 掌握屏蔽门监视系统的功能。 4. 掌握屏蔽门控制系统的开门控制权限	1. 培养学生具有良好的职业道德。 2. 培养学生团结协作的能力	8
4	站台屏蔽门供电系统及安全防护设施	1. 掌握屏蔽门供电系统的操作要求。 2. 掌握供电系统操作要点	1. 掌握屏蔽门供电系统组成部分及其功能。 2. 掌握屏蔽门供电的基本要求和技术要求。 3. 掌握屏蔽门驱动电源系统的特点和组成。 4. 掌握屏蔽门控制电源系统的特点和组成	1. 培养学生安全操作意识。 2. 培养学生具有良好的职业道德	6
5	站台屏蔽门设备操作及维护保养	1. 掌握屏蔽门门体、控制机构的操作方法。 2. 掌握屏蔽门日常巡查要点和内容要求	1. 掌握屏蔽门操作前的准备工作。 2. 掌握屏蔽门滑动门、应急门、端门的基本操作。 3. 掌握屏蔽门系统控制设备的操作。 4. 掌握屏蔽门日常巡查的内容和检查要点	1. 学生安全操作意识。 2. 培养学生具有良好的职业道德。 3. 培养学生团结协作的能力	8＋4
6	站台屏蔽门设备故障维修	1. 掌握屏蔽门各种常见故障的处理方法。 2. 掌握屏蔽门故障的排查	1. 掌握屏蔽门设备故障的处理原则。 2. 掌握屏蔽门各种常见故障的排查方法。 3. 掌握屏蔽门常见故障的处理方法。 4. 掌握屏蔽门故障现场的处理操作	1. 具有安全生产意识和质量意识，能够自觉遵守安全操作规程。 2. 培养学生的创新意识、节能环保意识	6＋4

四、实施建议

1. 师资队伍

专任教师的学历层次为本科以上，能熟练应用各种教学方法，调动学生学习的积极性。

具有较高的实践能力,能够熟练进行屏蔽门故障分析和处理并具备指导学生实践操作的能力。兼职教师的学历层次为本科以上,具有两年以上企业经历,能够将理论知识联系到实践,并具备一定的教学能力。

2. 教材及相关资源

本课程推荐选用教材:本教材为课程组共同编写的教材,并在不断地完善和修改中。在编写过程中,参考由人民交通出版社出版的《城市轨道交通车站设备》《城市轨道交通屏蔽门、电扶梯检修工》、中国劳动社会保障出版社出版的《屏蔽门检修》。

3. 教学组织模式(附表2-2)

附表2-2 教学组织模式

教学要求	理论教学	实践教学
教学环境要求	教室,配备多媒体设备、演示电路和仪器仪表	屏蔽门门体、门机系统;屏蔽门控制设备
教学材料要求	多媒体课件、学习指导书	实验指导书
教学组织模式	以教师讲授为主,可以引导学生小组学习、讨论	分组实验

4. 教学方法与手段

本课程主要采用讲授法、讲练结合法、演示法、实物展示法、多媒体演示法、实验法,辅助采用小组讨论法。通过教师讲授和讲练结合使学生理解安全门故障分析方法和理论,以及演示法和实物展示、多媒体演示法学习安全门设备,再通过实验法,将理论与实践相结合。

5. 教学考核与评价

本课程考核的重点在于测评学生是否具备城市轨道交通屏蔽门维护与维修的能力,是否能运用相关理论知识对车站机电设备进行检修和管理的能力。以学生完成课程模块的态度、操作规范、相关理论测试、工作质量的内容综合评定,采取学生互评、指导教师评价、理论测试、模块考核等形式进行评定。

过程考核评定标准见附表2-3。

附表2-3 过程考核评定标准

总成绩	出勤情况	学习态度	实验表现	实验操作过程
100分	20分	20分	20分	40分

终结性考核评定标准见附表2-4。

附表2-4 过程考核评定标准

总成绩	站台屏蔽门系统认知	站台屏蔽门机械结构学习	站台屏蔽门控制系统学习	站台屏蔽门供电系统及安全防护设施	站台屏蔽门设备操作及维护保养	站台屏蔽门设备故障维修
100分	10分	20分	20分	15分	15分	20分

总成绩:

总成绩=过程考核×40%+终结性考核×60%。

附录三

城市轨道交通站台屏蔽门系统技术规范

CJJ 183—2012

1 总则

1.0.1 为改善城市轨道交通站台环境，提高行车安全性，规范城市轨道交通站台屏蔽门系统的技术要求，达到经济适用、技术先进的目的，制定本规范。

1.0.2 本规范适用于城市轨道交通工程新建、既有线加装及更新改造屏蔽门系统的设计、安装、验收、保养与维护。

1.0.3 在既有线加装及更新改造屏蔽门系统前，应对加装及更新改造的车站土建结构和相关机电系统接口条件进行确认。

1.0.4 在屏蔽门系统安装前，宜生产制造工程样机，工程样机应通过检测。

1.0.5 城市轨道交通站台屏蔽门系统除应符合本规范外，尚应符合国家现行有关标准的规定。

2 术语

2.0.1 站台屏蔽门 platform screen door
设置在站台边缘，将乘客候车区与列车运行区相互隔离，并与列车门相对应、可多级控制开启与关闭滑动门的连续屏障，有全高、半高、密闭和非密闭之分。简称屏蔽门。

2.0.2 应急门 emergency escape door
当列车门与滑动门不能对齐时，供疏散的门。

2.0.3 端头门 platform end door
设置于屏蔽门两端进出轨行区的门。

2.0.4 门机 door mechanism
开启与关闭滑动门的机构。

2.0.5 门控器 door control unit
就地对门进行控制的控制装置。

2.0.6 就地控制盘 platform screen doors local control panel
用于控制单侧屏蔽门的控制装置。

2.0.7 中央控制盘 platform screen doors central control panel
一个车站的屏蔽门控制中心，包括监视设备、单元控制器。

2.0.8 就地控制盒 local control box
就地控制单樘滑动门的控制装置。

2.0.9 紧急控制盘 platform screen doors emergency control panel
紧急情况下控制单侧屏蔽门的装置。

2.0.10 推杆锁 push bar lock
在轨道侧直接手动打开应急门，在设备区直接手动打开端门的装置。

3 屏蔽门系统设计

3.1 一般规定

3.1.1 在设计荷载的作用下，门体结构应符合限界的规定。

3.1.2 屏蔽门系统的设计应遵循可靠性、可用性、可维护性和安全性的原则。

3.1.3 屏蔽门系统应符合电磁兼容性的要求。

3.1.4 屏蔽门系统的设置方式、控制模式宜与土建、信号和通风空调等系统相结合。

3.1.5 屏蔽门门体不应作为防火隔离设施。

3.1.6 车站站台屏蔽门区域不宜设置土建结构变形缝。

3.1.7 屏蔽门结构在跨越变形缝时应做特殊设计。

3.1.8 在正确使用和正常维护的条件下，门体结构设计寿命不应小于30年。

3.1.9 在正常运营条件下，屏蔽门的故障不应造成滑动门自动打开。

3.1.10 屏蔽门系统的运行强度应按每天运行20 h、每90 s开关一次进行设计，应能常年连续运行。

3.1.11 屏蔽门应设置在车站有效站台长度范围内，以有效站台中心线为基准向两端布置。屏蔽门门体部件在任何运动状态下不应超出单侧站台屏蔽门纵向设计范围。

3.1.12 屏蔽门系统应符合列车编组及运营模式的需要。

3.2 设计要求

3.2.1 滑动门的开关门时间应与列车客室门的开关门时间相匹配，且应为可调参数。

3.2.2 阻止滑动门关闭的力不应大于150 N（1/3行程后测量）。

3.2.3 每扇滑动门最大动能不应大于10 J。

3.2.4 屏蔽门运行噪声的峰值不应大于70 dB（A）。

3.2.5 滑动门、应急门和端门的手动解锁力不应大于67 N。

3.2.6 解锁后手动开启单扇滑动门的动作力不应大于133 N。

3.2.7 屏蔽门系统的平均无故障次数不应小于60万个周期。

3.2.8 安装在非封闭式的地面车站或高架车站的屏蔽门，其设计风压可按当地气候条件取值。屏蔽门门体结构在风荷载、人群荷载、撞击荷载等最不利荷载效应组合的情况下，门体弹性变形应符合工程限界要求，门体结构不应出现永久变形。

3.2.9 屏蔽门可在10～1 000 Hz的振动频率范围内正常工作。

3.2.10 中央控制盘在接收到开关门命令至滑动门动作的时间不应大于0.3 s。

4 屏蔽门系统基本构成

4.1 门体结构

4.1.1 门体结构宜主要包括滑动门、应急门、端门、固定门、顶箱、门槛、上部支撑结构（全高屏蔽门）和固定侧盒（半高屏蔽门）。

4.1.2 滑动门与列车客室门在位置和数量上均应对应。

4.1.3 滑动门的净开度应根据列车的停车精度，不应小于列车客室门的净开度。端门的活动门的最小净开度不应小于 900 mm。

4.1.4 全高屏蔽门的滑动门、应急门、端门和活动门的净高度不应小于 2.0 m，半高屏蔽门的所有门体高度不应小于 1.2 m。

4.1.5 单侧站台的应急门设置数量不应少于两处，站台每端至少应设置一处。

4.1.6 滑动门、应急门和端门必须能可靠关闭且锁紧，在站台侧必须能使用专用钥匙开启，在非站台侧必须能手动开启。

4.1.7 门体可由框架和玻璃面板等部件组成。框架外包材料宜采用不锈钢或铝合金等金属材料制成；玻璃面板应选用通透性好、强度高的安全玻璃，并应符合现行国家标准《建筑用安全玻璃 第 2 部分：钢化玻璃》（GB 15763.2—2005）的要求。玻璃应进行均质处理。

4.1.8 屏蔽门与车站土建结构的连接部分应具有三维调节功能，使屏蔽门安装后能适应车站土建结构出现的不均匀沉降。

4.1.9 屏蔽门系统在站台侧应能方便更换及维修。

4.1.10 端门的开启在小于 90°时自动关闭，在不小于 90°时应在 90°保持定位。

4.2 门机

4.2.1 滑动门驱动电机的功率应保证滑动门在设计荷载作用下可正常开关。驱动电机的绝缘等级应为 F，防护等级不应小于 IP54。

4.2.2 传动机构宜采用皮带传动、螺旋副传动或齿轮副传动。

4.2.3 当环境温度在 25 ℃时，传动机构的运行最高温升不得超过 60 K。

4.2.4 门机内零部件的安装应有防松和减振措施，且应能在站台侧方便更换、调整及维修。

4.2.5 屏蔽门系统内各电气部件的防护等级应满足现场环境的使用要求。

4.2.6 门机的设计寿命不应小于 10 年。

4.3 监控系统

4.3.1 监控系统应由中央控制盘、就地控制盘、门控器、局域网和接口模块组成。

4.3.2 屏蔽门系统的控制优先权从低到高排列，宜分为下列 5 级：

 1 信号系统对屏蔽门进行开关控制；
 2 就地控制盘对屏蔽门进行开关控制；

3　紧急控制盘对屏蔽门进行开关控制；
　　4　就地控制盒对屏蔽门进行开关控制；
　　5　站台侧用钥匙或轨道侧用手动解锁装置就地对屏蔽门进行开关控制。
　4.3.3　监控系统应以车站为单位进行独立设置，换乘车站的监控系统应以线路为单位进行独立设置。
　4.3.4　中央控制盘和接口模块宜布置在屏蔽门设备室内，就地控制盘宜布置在每侧站台列车出站端。
　4.3.5　屏蔽门系统的控制功能及监视功能宜分开设置，关键命令或信号宜通过继电回路传输，状态及故障信息宜采用总线传输。
　4.3.6　滑动门应有障碍物探测功能，宜探测到大于5 mm（厚度）×40 mm（宽度）的钢板障碍物。
　4.3.7　中央控制盘及门控器在安装后可在线或离线下载软件，进行参数调整。
　4.3.8　监控系统的硬件配置应符合下列规定：
　　1　中央控制盘应包括每侧站台的逻辑控制单元及车站监视终端。
　　2　中央控制盘应对屏蔽门系统的重要状态及报警进行显示。
　　3　每侧站台应设不少于一个就地控制盘，其防护等级应达到IP54及以上的要求。
　　4　就地控制盒应设置自动、手动和隔离三个挡位。
　　5　每个门单元应设置门控器，应急门的状态宜通过相邻门单元的门控器进行监视。
　　6　中央控制盘应能存储本车站屏蔽门不少于7天的信息数据。
　4.3.9　屏蔽门系统宜与信号系统和主控系统设置接口，并应符合下列规定：
　　1　屏蔽门系统应能完全响应信号系统发出的开门、关门信息。
　　2　屏蔽门系统应能将门关闭且锁紧信号、滑动门/应急门互锁解除信号发送到信号系统。
　　3　屏蔽门系统应能将重要的状态及故障信息上传至综合监控系统。
　4.3.10　屏蔽门系统网络拓扑结构宜为总线型。
　4.3.11　屏蔽门系统应用软件的关键参数应可调，应包括电机速度曲线、门体夹紧力阈值、重复开关门延迟时间和重复开关门次数等参数。
　4.3.12　屏蔽门系统监控软件应对故障和状态信息进行实时监视，应具有故障自动诊断和自动报警的功能。
　4.3.13　屏蔽门系统应采用通用的、开放的和标准的通信协议。

4.4　电源系统及接地

　4.4.1　屏蔽门系统必须按一级负荷供电，必须设置备用电源。
　4.4.2　驱动电源和控制电源的供电回路宜相互独立设置。
　4.4.3　驱动电源的后备电源容量应符合完成30 min内本站全部滑动门开关3次的需要，控制电源的后备电源容量应符合系统满负载持续工作30 min的需要。
　4.4.4　驱动电源、控制电源与外电源的隔离阻抗不应小于5 MΩ。
　4.4.5　配电电缆、控制电缆应采用不同线槽或同槽分室敷设。

4.4.6 电缆应采用低烟、无卤、阻燃的电缆，并应符合现行国家标准《低压配电设计规范》(GB 50054—2011)的规定。

4.4.7 屏蔽门设备室内的设备接地应符合现行国家标准《系统接地的型式及安全技术要求》(GB 14050—2008)的规定。

4.4.8 当采用钢轨作回流轨时，屏蔽门应与钢轨进行等电位连接，等电位连接应符合下列规定：

1 正常情况下人体可触及的屏蔽门金属构件应与土建结构绝缘，单侧站台门体与车站土建结构之间的绝缘电阻在 500 VDC 下不应小于 0.5 MΩ。

2 在屏蔽门站台侧、端门内外的地面应设置距离门体不小于 900 mm 的绝缘区域；在端门内外两侧墙面高 2 m 范围内应设置距离门体不小于 900 mm 的绝缘区域。

4.4.9 当钢轨不作回流轨时，屏蔽门应通过接地端子连接车站的接地网。

4.4.10 屏蔽门系统在站台区域的不带电外露金属部分应进行等电位连接，单侧站台屏蔽门整体电阻值不应大于 0.4 Ω。

5 工程样机检测

5.1 工程样机组成

5.1.1 全高屏蔽门样机应包含滑动门、固定门、应急门、端门、顶箱等门体结构、门机、监控系统、电源系统、网络通信系统及相关测试工器具。

5.1.2 半高屏蔽门样机应包含滑动门、固定门、应急门、端门、固定侧盒等门体结构、门机、监控系统、电源系统、网络通信系统及相关测试工器具。

5.2 工程样机测试试验

5.2.1 工程样机的结构测试、密封测试、速度曲线测试、加速寿命测试、电磁兼容性测试、动能测试、噪声测试、防夹力测试、接口测试和软件测试应符合现行行业标准《城市轨道交通站台屏蔽门》(CJ/T 236—2006)的规定。

5.2.2 在应急门和端门的动作可靠性测试中，门状态指示灯、闭门器、行程开关和锁应联合动作可靠，试验动作次数不应小于 10 000 次。每次开关门动作必须完整可靠，并应采用计数器进行开关门次数统计。

5.2.3 工程样机的功能测试应符合下列规定：

1 应测试滑动门手动解锁后关门延迟时间。

2 滑动门、应急门和端门的解锁力测试应采用测力计直接测量解锁把手，解锁力应小于 67 N。当测量旋转机构解锁力时，力臂长度应小于 15 cm。

3 滑动门、应急门和端门处于不同状态时的门状态指示灯测试应符合设计要求。

4 就地控制盒测试应符合下列规定：

(1) 在自动位时，门单元应能接收来自紧急控制盘、就地控制盘和信号模拟器发送的开关门信号；

(2) 在手动位时，滑动门单元应脱离安全回路，应不能接收来自就地控制盘、紧急控制盘和信号模拟器发送的开关门信号，应只能通过开/关装置进行滑动门的开关；

(3) 在隔离位时，滑动门单元不应脱离安全回路，应不能接收来自就地控制盘、紧急控制盘和信号模拟器发送的开关门信号。

5 紧急控制盘应设置禁止位和允许位两挡转换开关，并应符合下列规定：

(1) 在禁止位时，门单元应能接收来自就地控制盘及信号模拟器发送的开关门信号命令；

(2) 在允许位时，紧急控制盘应能发送开门命令，门单元应不能接收来自就地控制盘及信号模拟器发送的开关门信号命令。

6 就地控制盘设置禁止位和允许位两挡功能，并应符合下列规定：

(1) 在禁止位时，门单元应能接收来自信号模拟器发送的开关门信号命令；

(2) 在允许位时，就地控制盘应能发送开门、关门及互锁解除命令，门单元应不能接收来自信号模拟器发送的开关门信号命令。

7 与信号系统接口功能测试，并应符合下列规定：

(1) 当通过信号模拟器发送开门命令时，滑动门应能打开；

(2) 当通过信号模拟器发送关门命令时，滑动门应能关闭且锁紧。

8 电气测试、障碍物探测、关门力检测、滑动门开关测试和等电位测试应符合现行行业标准《城市轨道交通站台屏蔽门》（CJ/T 236—2006）的规定。

5.2.4 冲击试验应符合现行国家标准《建筑用安全玻璃 第 2 部分：钢化玻璃》（GB 15763.2—2005）的规定。

5.3 工程样机测试见证及试验签署

5.3.1 工程样机测试见证及试验签署应符合现行行业标准《城市轨道交通站台屏蔽门》（CJ/T 236—2006）的规定。

6 安装与验收

6.1 设备进场检查

6.1.1 随机文件应包括下列资料：
1 产品出厂合格证或质量证明书；
2 装箱单。

6.1.2 设备零部件应与装箱单内容相符。

6.1.3 设备包装应完好，外观不应存在明显的破损。

6.1.4 设备进场检查应填写设备进场验收记录表，并宜符合本规范附录 A 的规定。

6.2 控制基标交接检验

6.2.1 安装前应进行轨道控制基标点的现场确认，交接应有完整的签字记录。

6.2.2 每侧站台屏蔽门安装应设置轨道中心线、有效站台中心线及不少于3个轨道控制基标点。

6.2.3 控制基标交接检验应填写控制基标交接记录表，并宜符合本规范附录B的规定。

6.3 测量及交接检验

6.3.1 主控项目应符合下列规定：

1 主电源开关应符合下列规定：

（1）应符合屏蔽门系统的过载保护能力；

（2）应能从屏蔽门设备房入口处方便地接近。

2 接地端子装置应完整。

3 屏蔽门安装区域应符合下列规定：

（1）土建结构应符合施工图限界尺寸；

（2）土建结构应符合施工图净空尺寸；

（3）屏蔽门安装的土建预埋件或预留孔洞定位尺寸应符合设计施工图要求。

6.3.2 一般项目应符合下列规定：

1 屏蔽门设备房应符合下列规定：

（1）屏蔽门供电电源应按一级负荷供电；

（2）屏蔽门设备房内应设有电气照明，地板表面上的照度不应小于200 lx，并应在靠近入口的适当位置设置照明开关装置；

（3）屏蔽门设备房内应设置电源插座；

（4）屏蔽门设备房内应通风良好；

（5）人员应能方便地进入屏蔽门设备房；

（6）电源零线和接地线应分开。屏蔽门设备房内接地装置的接地电阻值不应大于4 Ω；

（7）设备房常年温度不应超过30 ℃；

（8）空调送风口不应设置在屏蔽门设备正上方。

2 屏蔽门设备房应有良好的防渗、防漏水保护及防啮齿类动物措施。

6.3.3 测量及交接检验应填写土建交接检验记录表，并宜符合本规范附录C的规定。

6.4 工程质量验收

6.4.1 城市轨道交通站台屏蔽门在安装完成后宜分别进行检验批验收、分项工程验收、分部工程验收和子单位工程验收。分项工程分成一个或若干个检验批进行验收，分部工程以一个站的屏蔽门项目为单位进行验收，子单位工程以整个工程屏蔽门项目为单位进行验收。分项工程、分部工程和子单位工程的验收应分别填写分项工程质量验收记录表、分部工程质量验收记录表和子单位工程质量验收记录表，并宜符合本规范附录D、附录E和附录F的规定。

6.4.2 门槛安装工程检验批应符合下列规定：

1 主控项目：
(1) 滑动门门槛、应急门门槛、端门门槛应有防滑措施；
(2) 门槛上表面应与纵向轨顶面平行，平行度应小于 0.5 mm/m，全长范围内误差应控制在 0~5 mm；
(3) 绝缘装置安装应正确，并应符合设计要求。

2 一般项目：
(1) 相邻门槛间隙应均匀，接缝处高差应小于 1 mm；
(2) 门槛下部支撑连接螺栓的扭力应符合设计要求；
(3) 门槛外观应良好；
(4) 门槛面距离轨道面的标高尺寸应符合设计要求；
(5) 门槛轨道侧边缘距离轨道中心线应符合设计要求。

6.4.3 上部结构安装工程检验批应符合下列规定：
1 主控项目：
(1) 预埋件与土建结构之间的接触表面应平整；
(2) 绝缘装置安装正确应符合设计要求；
(3) 安装完成后应能适应车站土建结构垂直方向 10 mm 沉降量。

2 一般项目：
(1) 连接螺栓的扭力应符合设计要求；
(2) 紧固螺栓应有防松措施；
(3) 上部结构导轨侧到轨道中心线的水平距离应符合设计要求；
(4) 上部结构下表面到导轨面的垂直距离应符合设计要求。

6.4.4 门体结构安装工程检验批应符合下列规定：
1 主控项目：
(1) 门体结构应有等电位连接电缆；
(2) 门机梁、门楣及立柱之间的连接应牢固、可靠；
(3) 屏蔽门门楣或固定侧盒的安装应使门机导轨中心线与门槛平行，门机导轨中心线与门槛面的平行度应小于 1 mm/m。

2 一般项目：
(1) 立柱应垂直于轨道面；
(2) 装在立柱上的不锈钢或铝合金装饰板应平滑牢固且外观良好；
(3) 各门体立柱间距应符合设计要求；
(4) 门机梁到轨道中心线距离应符合设计要求。

6.4.5 滑动门、应急门、端门和固定门安装工程检验批应符合下列规定：
1 主控项目：
(1) 在轨道侧，应能通过滑动门上的手动把手开启滑动门，应能通过应急门、端门上的推杆锁开启应急门、端门；
(2) 滑动门、应急门开度应符合设计要求；
(3) 应急门可开启并定位 90°；端门开启后可向站台侧旋转并定位 90°，且在小于 90°

开启后应能自动关闭；

(4) 滑动门、应急门、端门的每一扇门体应能在站台侧用同一规格专用钥匙正常开启；

(5) 门体安装应牢固可靠，并应符合限界要求。

2 一般项目：

(1) 滑动门导靴、应急门上铰链定位销、端门闭门器、固定门调节支架、电气安全开关、各密封胶条的安装应正确，并应符合设计要求；

(2) 外观应良好；

(3) 滑动门、应急门、端门开关门状况应良好；

(4) 每侧站台固定门和应急门应在同一个平面上安装；固定门扇与门楣、门槛面之间间隙应均匀；

(5) 全高屏蔽门滑动门门扇、应急门门扇与门楣、门槛面之间的间隙不应大于10 mm，全高封闭式屏蔽门间隙处应有密封毛刷或其他形式的密封装置；

(6) 全高屏蔽门滑动门与滑动门立柱之间的间隙不应大于6 mm，半高屏蔽门滑动门与固定侧盒立柱之间的间隙不应大于8 mm，并应在间隙设置毛刷或橡胶条等。

6.4.6 紧固件安装工程检验应符合下列规定：

1 上下支架紧固件应防锈；

2 立柱及其装饰包板紧固件应防锈；

3 门槛紧固件应防锈；

4 门机梁及其门机梁上的设备紧固件应防锈；

5 门楣紧固件应防锈；

6 盖板及其密封条紧固件应防锈；

7 滑动门、固定门、应急门、端门等门体紧固件应防锈；

8 线槽紧固件应防锈。

6.4.7 盖板安装工程检验批应符合下列规定：

1 主控项目：

(1) 各盖板、各支架之间爬电距离间隙应符合设计要求，绝缘性能应良好；

(2) 屏蔽门顶箱后封板安装应牢固，前盖板安装应平整，其开启角度不应小于70°，并应能在最大开启角度定位。

2 一般项目：

(1) 相邻盖板的间距应均匀；

(2) 相邻盖板的平面应平整；

(3) 前下盖板的支撑构件安装应良好，并应符合设计要求；

(4) 盖板密封胶安装应良好，并应符合设计要求；

(5) 盖板外观应良好；

(6) 后盖板的毛刷安装应牢固，并应符合设计要求。

6.4.8 设备柜安装工程检验批应符合下列规定：

1 主控项目：

(1) 设备柜的接地应符合设计要求；

(2) 电气绝缘应符合设计要求。

2 一般项目：

(1) 设备柜安装应牢固可靠，并应符合设计要求；

(2) 设备柜应标有中文名称；

(3) 设备柜内的设备，其接线应正确、牢固、整齐，标志应清晰齐全；

(4) 设备柜的垂直度和平整度应符合设计要求。

6.4.9 线槽和线缆安装工程检验批应符合下列规定：

1 主控项目：

(1) 动力线和通信线的表面应无划伤或破损；

(2) 动力线和通信线终端头和接头的制作应符合设计要求；

(3) 线槽的安装路径、安装方式应符合设计要求；

(4) 动力线和通信线应分开放置在不同的线槽内；

(5) 线缆防护管的规格应符合设计要求；

(6) 通信线的屏蔽层、线槽和线缆保护管的接地应符合设计要求；

(7) 线槽及其支架、托架安装应牢固可靠；

(8) 轨道侧线槽安装应能承受设计要求的风压。

2 一般项目：

(1) 线缆保护管安装应牢固、排列整齐，管口应光滑，并应符合设计要求；

(2) 线缆布置应符合设计要求；

(3) 控制电缆的最小允许弯曲半径应大于 10D。

6.4.10 电源及监控系统检验批应符合下列规定：

1 主控项目：

(1) 应具有过流、过压保护，当电压在±10%范围内波动时，屏蔽门系统应能正常工作；当电压超过 10%时，屏蔽门系统应自动保护；

(2) 驱动电源、控制电源与外电源的隔离阻抗不应小于 5 MΩ；

(3) 动力电缆、控制电缆应采用不同线槽敷设或同槽分室；

(4) 门体金属机械结构之间应采用电线（缆）相连，保持等电位连接；

(5) 端门、应急门应安装关闭且锁紧装置，应能检测门体状态，在门体超过规定时间未关闭时，应有声光报警；

(6) 滑动门单元应安装关闭且锁紧装置，应能检测门体状态。

2 一般项目：

(1) 驱动电源和控制电源供电回路宜相互独立设置；

(2) 应按本规范第 4.4.8～第 4.4.10 条的要求进行检验；其中 0.5 MΩ 绝缘电阻值要求应在屏蔽门门体与其他接口进行绝缘封闭前进行测量；

(3) 屏蔽门设备房、顶箱或固定侧盒内应按设计要求配线；软线和无防护套电缆应在导管、线槽或能确保起到等效防护作用的装置中使用；

(4) 导管、线槽的敷设应整齐牢固；线槽内导线总截面积不应大于线槽净截面积60％；导管内导线总截面积不应大于导管内净截面积40％；软管固定间距不应大于1 m，端头固定间距不应大于0.1 m；

(5) 接地线应采用黄绿相间的绝缘导线。

6.4.11 系统调试检验批应符合下列规定：

1 主控项目：

(1) 屏蔽门系统与综合监控系统的接口符合双方接口文件技术条款的要求；

(2) 屏蔽门系统与信号系统的接口符合双方接口文件技术条款的要求；

(3) 主监视系统对各单元及系统的状态及故障信息的监视功能符合合同要求；

(4) 屏蔽门系统5级控制功能要求；

(5) 具有断相、错相保护装置或功能；

(6) 具有短路保护装置、过载保护装置；

(7) 滑动门、应急门、端门安全开关应动作可靠。

2 一般项目：

(1) 屏蔽门安装后每个单元应进行运行试验和功能测试；一侧完整的屏蔽门应连续进行5 000次运行检测，检测期间屏蔽门应运行平稳、无运行故障；

(2) 在列车正常运行状况下，屏蔽门不宜产生因风压差引起的风哨声；当屏蔽门顶箱或固定侧盒关闭时，在站台侧距离屏蔽门1 m离地1.5 m处测量屏蔽门运行时噪声不应大于70 dB（A）；

(3) 屏蔽门的外观表面应保持平整，无破损，无刮花；轨道侧手动把手和推杆应有清晰的操作标识，透明部件上应有清晰的防撞标识；

(4) 当屏蔽门开关运行时，门扇与立柱、门扇上端与门楣、门扇下端与门槛、门扇下端与地面应无刮碰现象；

(5) 门扇与立柱、门扇上端与门楣、门扇下端与门槛、门扇下端与地面之间各自的间隙在整个长度上应基本一致；

(6) 设备房、顶箱、门体和门槛等部位应保持清洁。

7 运营、保养与维护

7.1 屏蔽门系统日常运行使用

7.1.1 屏蔽门日常运行使用宜包括日常操作、巡视、紧急情况下操作和故障应急处理。

7.1.2 应根据各种运营模式下的工况合理选用屏蔽门的控制方式。

7.1.3 当屏蔽门发生故障时，应按先通车后修复故障原则处理。

7.1.4 运营部门应建立屏蔽门系统日常巡视机制，并应符合下列规定：

1 日常使用巡视：应对屏蔽门系统的日常直观状态进行实时监视、状态确认及故障报修，每日运营前对屏蔽门进入正常运行状态进行确认。

2 设备运行巡视：应通过观察设备运行特征，发现异常状态、故障信息，及时恢复正常，避免故障后维修。

7.2 屏蔽门设备计划检修

7.2.1 宜对屏蔽门各组成部分进行有计划检修，包括巡视、半月检、月检、季检、半年检、年检、五年检等周期检修内容。

7.2.2 日常巡视应包含下列主要内容：

1 门体结构：
(1) 检查门体玻璃、门槛、盖板、装饰板、胶条和毛刷的外观；
(2) 清洁滑动门门槛导靴；
(3) 检查顶箱或固定侧盒指示灯状态；
(4) 检查滑动门、应急门、端门开关状态；
(5) 检查灯带照明状态。

2 电源系统：
(1) 检查电源柜的电压与电流状态；
(2) 检查驱动电源的外观、进线电压、输出电压、运行状态、电池组串联电压、电池温升、散热风扇工作状况；
(3) 检查控制电源的外观、进线电压、输出电压、运行状态、指示灯测试、环境温度、电源/电池/主机负载状态、电池组串联电压、电池温升、散热风扇工作情况。

3 监控系统：
(1) 检查中央控制盘工作指示灯状态、机柜内温度；
(2) 查看监控系统报警信息。

4 检查屏蔽门设备房的温度、湿度等环境因素。

7.2.3 半月检应包含下列主要内容：

1 清洁门机导轨，检查并紧固顶箱或固定侧盒内接线端子。

2 检查电源系统电源柜供电单元电源参数，并检查各组件外观、温升、连接及固定情况。清洁电源柜。

3 监控系统：
(1) 检查中央控制盘内元器件外观及工作状态；
(2) 清洁控制柜；
(3) 检查就地控制盘指示灯及开关工作状态；
(4) 检查监控软件及其时钟信息。

7.2.4 月检应包含下列主要内容：

1 门体：
(1) 检查滑动门、应急门、端门的手动解锁装置是否灵活、操作可靠；
(2) 检查端门闭门器及应急门定位器；
(3) 检查门体玻璃外观、胶条和毛刷安装紧固状况。

2 门机：
(1) 检查电机及齿轮箱、传动装置、门锁机构安装紧固状况；

(2) 检查滑动门锁紧装置及其检测开关安装紧固状况；
(3) 检查门机电源模块、顶箱或固定侧盒控制变压器等供电部件安装紧固、输入输出值；
(4) 检查顶箱或固定侧盒指示灯安装紧固状况；
(5) 检查障碍物检测功能；
(6) 清洁顶箱或固定侧盒所有辅助器件。

3　监控系统：
(1) 测试中央控制盘指示灯；
(2) 检查中央控制盘内安全继电器、时间继电器、固态继电器、控制变压器安装可靠状况；
(3) 检查中央控制盘内布线、器件安装状况；
(4) 备份监控软件的故障记录、事件记录存档备查。

4　就地控制盘：
(1) 对盘内外进行清洁；
(2) 检查各部件安装紧固、老化、异味等状态；
(3) 检查各电线、电缆、半导体元件的连接状态；
(4) 检查各钥匙开关、按钮的状态。

5　紧急控制盘开关：
(1) 对盘内外进行清洁；
(2) 检查各部件安装紧固、老化等状态；
(3) 检查各电线、电缆、器件的连接状态；
(4) 检查各钥匙开关、按钮的状态；
(5) 测试综合备份盘功能。

6　清洁屏蔽门设备房，检查通风空调设备。

7.2.5 季检应包含下列主要内容：

1　门机：
(1) 检查皮带张力及连接状况或螺杆螺母（或齿轮齿条）啮合传动及润滑状态；
(2) 检查门滚轮磨损及转动状况；
(3) 检查惰轮、皮带轮转动状况；
(4) 检查电线、电缆、接地线、网线的完好及固定情况。

2　监控系统：
(1) 就地控制盘、综合备份盘功能与逻辑操作检测；
(2) 检查屏蔽门设备房到门机线缆、线槽，并对其清洁、紧固、防锈；
(3) 中央控制盘与信号系统接口记录、功能确认检查；
(4) 中央控制盘与其他系统通信功能检查；
(5) 检查并紧固就地控制盘、中央控制盘内部接线。

3　电源系统：
(1) 对控制电源、驱动电源的蓄电池进行充放电；并记录放电前后蓄电池的电压；

（2）检查电源控制柜接线端口连接状态；
（3）清洁蓄电池外表面；
（4）检查不间断电源蓄电池的温度、声音、变形、漏液、鼓胀、安全阀开启、接线端及气孔异常；
（5）检查蓄电池充电器状态；
（6）检查蓄电池与外部接口电缆电线安装状况；
（7）检查电源配电箱。

7.2.6 半年检应包含下列主要内容：

1 门体：

（1）滑动门运行指标的抽查；
（2）检查接轨导线有无松动、接地线缆有无老化；
（3）检查滑动门导靴、门槛间隙；
（4）检查顶箱或固定侧盒前、后盖板安装紧固及密封；
（5）检查限位挡块、螺杆、螺母、轴承、联轴器状态；
（6）检查滑动门与吊挂件的连接状态，必要时调整滑动门的对中、垂直及水平位置。

2 门机及监控系统：

（1）检查碳刷磨损及变形程度；
（2）检测滑动门（含门控器）的各控制功能；
（3）中央控制盘功能与逻辑操作检测；
（4）检查应急门、端门功能，包括状态指示、检测、诊断。

7.2.7 年检应包含下列主要内容：

1 门体：

（1）检查门扇玻璃、支架和胶条的状态；
（2）检查及清洁下支架；
（3）检查门槛等电位电缆有无松动；
（4）检查门槛支撑件上下绝缘件状态，必要时更换；
（5）屏蔽门进行绝缘、等电位测试。

2 检查蓄电源系统电池容量。

3 检查轨顶、轨侧线槽安装、固定、锈蚀状态。

7.2.8 五年检应包含下列主要内容：

1 检测中央控制盘逻辑控制单元功能及其器件；
2 所有紧固件固定及锈蚀检查；
3 变形缝结构检查。

附录 A 设备进场验收记录表

表 A 设备进场验收记录表

工程名称				
安装地点				
产品合同号/安装合同号		屏蔽门单元数		
屏蔽门供应商		代表		
安装单位		项目负责人		
监理（建设）单位		监理工程师/项目负责人		
执行标准名称及编号				

检验项目		检验结果	
		合格	不合格
主控项目			
一般项目			
验收结论			

参加验收单位	屏蔽门供应商	安装单位	监理（建设）单位
	代表： 年 月 日	项目负责人： 年 月 日	监理工程师： （项目负责人） 年 月 日

附录 B 控制基标交接记录表

表 B 控制基标交接记录表

工程名称						
主持单位				施工单位		
交桩区域或范围				交桩时间		
交桩号或里程		可以通过附表进行补充表述				
所交桩是否齐全有无遗失意见						
主持单位现场代表： （签字）		监理单位： （签字）		交桩单位： （签字）		接桩单位： （签字）
年 月 日		年 月 日		年 月 日		年 月 日

附录 C 土建交接检验记录表

表 C 土建交接检验记录表

工程名称				
安装地点				
产品合同号/安装合同号			屏蔽门单元数	
土建施工单位			项目负责人	
屏蔽门安装单位			项目负责人	
监理（建设）单位			监理工程师/项目负责人	
执行标准名称及编号				
	检验项目		检验结果	
			合格	不合格
主控项目				
一般项目				
验收结论				
参加验收单位	土建施工单位		屏蔽门安装单位	监理（建设）单位
	项目负责人： 年 月 日		项目负责人： 年 月 日	监理工程师： （项目负责人） 年 月 日

附录 D 分项工程质量验收记录表

表 D 分项工程质量验收记录表

工程名称				
安装地点				
产品合同号/安装合同号		屏蔽门单元数		
安装单位		项目负责人		
监理（建设）单位		监理工程师/项目负责人		
检验项目			检验结果	
			合格	不合格
主控项目				
一般项目				
验收结论				
参加验收单位	安装单位		监理（建设）单位	
	项目负责人： 年 月 日		监理工程师： （项目负责人） 年 月 日	

附录 E 分部工程质量验收记录表

表 E 分部工程质量验收记录表

工程名称				
安装地点				
产品合同号/安装合同号		屏蔽门编号		
安装单位		项目负责人		
监理（建设）单位		监理工程师/项目负责人		
执行标准名称及编号				
序号	分项工程名称		检验结果	
			合格	不合格
验收结论				
参加验收单位	安装单位		监理（建设）单位	
	项目负责人： 年 月 日		监理工程师： （项目负责人） 年 月 日	

附录 F 子单位工程质量验收记录表

表 F 子单位工程质量验收记录表

工程名称						
安装地点						
监理（建设）单位				监理工程师/项目负责人		
子单位工程名称				检验结果		
				合格		不合格
合同号	屏蔽门编号		安装单位			
验收结论						
验收单位	分包单位			项目经理		年 月 日
	施工单位			项目经理		年 月 日
	设计单位			项目负责人		年 月 日
	监理（建设）单位			总监理工程师		年 月 日
				（建设单位项目专业负责人）		年 月 日

本规范用词说明

1 为便于在执行本规范条文时区别对待,对要求严格程度不同的用词说明如下:
(1) 表示很严格,非这样做不可的:正面词采用"必须",反面词采用"严禁";
(2) 表示严格,在正常情况下均应这样做的:正面词采用"应",反面词采用"不应"或"不得";
(3) 表示允许稍有选择,在条件许可时首先应这样做的:正面词采用"宜",反面词采用"不宜";
(4) 表示有选择,在一定条件下可以这样做的,采用"可"。
2 条文中指明应按其他有关标准执行的写法为:"应符合……的规定"或"应按……执行"。

参 考 文 献

[1] 郝晓平. 城市轨道交通屏蔽门、电扶梯检修工［M］. 北京：人民交通出版社，2017.
[2] 翁桂鹏. 城市轨道交通车站屏蔽门系统运行与维护［M］. 西安：西安交通大学出版社，2018.
[3] 李红莲. 城市轨道交通车站机电设备［M］. 北京：机械工业出版社，2017.
[4] 孟祥虎，孙巧玲. 城市轨道交通应急处理［M］. 北京：人民交通出版社，2015.